Cúrame

Cúrame

LORENA PRONSKY

Papel certificado por el Forest Stewardship Council®

MIXTO
Papel procedente de
fuentes responsables
FSC® C117695
www.fsc.org

Penguin
Random House
Grupo Editorial

Primera edición: febrero de 2022

© 2019, Lorena Pronsky
Publicado por acuerdo con Hojas del Sur S. R. L. Argentina
© 2022, Penguin Random House Grupo Editorial, S. A. U.
Travessera de Gràcia, 47-49. 08021 Barcelona

Printed in Spain – Impreso en España

ISBN: 978-84-666-7079-1
Depósito legal: B-18.805-2021

Compuesto en Llibresimes, S. L.

Impreso en Rodesa
Villatuerta (Navarra)

BS 7 0 7 9 1

Échame tierra y verás cómo florezco.

FRIDA KAHLO

Agradecimientos

Una vez escuché por ahí que las madres te dan la vida y los padres te enseñan cómo vivirla. No me cabe ninguna duda de que esto no funciona así en todos los casos. Pero, si tengo que pensar en mi historia, no puedo no escuchar el mensaje que yo decido convertir en señal.

Papá se fue antes de tiempo. Y este fue su último legado. Así me dijo Marcelo y yo le creí. Me dejó la pluma en la mano. La vocación por fin despierta. La posibilidad y el regalo infinito de hacer magia con el dolor de su vuelo. Gracias, pa. Siempre voy a estar agradecida por tu amor tan hermoso. Sobre todo este que siento más presente desde que no estás.

También, y en igual medida, agradezco a mi mamá que esté. Que peleara para quedarse. Que me cuide aun cuando los tiempos de la vida den la vuelta a la tortilla y supongan que sea yo quien tenga que cuidar de ella. Gracias por estar a mi lado en cada escalón de subida, de igual forma que en los de bajada.

Agradezco a mis hijos Juanse, Francisco y Pedro que me elijan aun en esos momentos donde ni yo me elegiría a mí misma. No importa cuándo me leáis, sabed siempre que cada uno representa los valores más importantes para mí.

Pedro, eres la verdad mirándome a la cara.

Fran, eres el amor más noble que la vida me supo dar.

Y tú, Juanse, eres la libertad que me hace brillar los ojos. Os adoro.

A mis hermanos, Pablo y Candela, por apoyarme y ponerse

contentos con mis alegrías. Por estar y hacer de esta familia chiquita un lugar enorme donde querer estar.

A mis amigas, las de siempre. Quien no cree en el amor incondicional es porque no las conoce. Son mi familia elegida cada día de mi vida. Mi faro. Mi primer llamado. Todos los momentos de mi vida.

A mi editor, Andrés Mego, por confiar en mí, convencido, apasionado y con ganas de llevarme a reventar el mundo. No solo el de afuera... Gracias por empujarme y también por levantarme en esos momentos donde me quiero quedar. Te quiero mucho.

Gracias a todos los testimonios, a todas las historias silenciosas que se hacen carne en cada oración y nos ponen sobre la mesa la evidencia de que todos estamos atravesados por las mismas emociones.

Y, por último, gracias a mi hermana más grande. Samanta. La dueña de mi carcajada atemporal. No se te ocurra irte otra vez. Sin ti, me falta mi historia.

LORENA

Prólogo

Me piden que cuente historias con finales felices. De gente que no termina rota. Donde la única sangre que circule no sea por vidrios que cayeron. Por ventanas que explotaron.

Me explican que no siempre todo es tan oscuro. Ni tan opaco. Ni que todo conduce a fisuras. Muertes.

Me preguntan qué me pasó en la vida.

Me agradecen poder ponerle voz a un silencio que la angustia no puede nombrar.

Me vuelven a decir que no saben qué me pasó para escribir «así», desde el corazón.

A veces me culpan de ser tajante.

Me preguntan de dónde viene tanto dolor.

Y deben de suponer que tengo un máster en dar consejos a gente que no los necesita.

Y cada tanto me los piden. Me consultan.

Me cuentan sus penas.

A mí. Que evidentemente mis letras indican que las pasé todas.

Y yo no digo nada.

Me quedo pensando.

Los leo y les escucho la voz. Me llamo a silencio.

No tengo respuesta. No tengo la llave.

No tengo el camino.

No hay casos clínicos. Hay pacientes. Eso lo aprendí desde muy chica.

Personas. Humanos.

Cada mundo es un mundo distinto. Cada herida sangra de forma distinta. Cada duelo lleva su propio tiempo.

Cada inconsciente tiene su propia construcción. Su propia casa.

Yo creo en la muerte de todas las cosas, como el camino más hondo y profundo de llegar a nuestra verdad interior. No me importa que duela. La verdad es que no.

El único miedo que tuve y que por suerte ya perdí, por falta de méritos, es el de verme dibujada en una foto con una sonrisa impostada, abrazada a gente que no elijo.

Que no me eligen.

Cumpliendo mandatos y no sueños. Repitiendo historias que no me pertenecen. Entregando mi vida a expectativas ajenas.

A deseos antiguos.

A fantasías y no a realidades. No me pasó nada.

Nada distinto que al resto.

Perdí el miedo al dolor y quizá lo pueda nombrar. Y sea eso.

La verdad, no lo sé.

Porque el único dolor que sí me dio una mochila de miedo fue el de mi propia mentira.

Ese que hoy no me convoca para sentarme en la misma mesa a cenar contigo. Con vosotros.

Me aburre.

Claro que hay finales felices.

Lo que pasa es que yo no veo la infelicidad en todo lo que tenga que ver con la verdad.

Aunque duela. Sí. Aunque duela.

Introducción

Son las doce en punto de la noche. Tengo los ojos bastante hinchados y no de cansancio. O sí. Depende del lado que se lo mire. La cuestión es que después de mandarle un mensaje a Andrés, en un arrebato y sin pensarlo, exploté en llanto, de esos que te dejan pariendo angustia y verdad en el suelo del baño de tu casa. A puertas abiertas. Rodeada de la impunidad de la soledad. De la libertad del encierro que me dan mis paredes. Ahora ya está. Después de apretar *enter* supe que todo se había terminado. Por supuesto que dolió. Pero honestamente, y a esta altura de mi vida, el dolor nunca fue parámetro para tomar decisiones fundamentales. Tampoco lo iba a ser ahora.

Le dije la verdad.

Hace rato que venimos trabajando juntos y, aunque el vínculo que nos une es laboral, realmente siento que es una persona de esas que te escuchan a boca cerrada y con el pecho abierto. Confío en él. No solo es mi representante editorial, sino que, cada tanto, siento que estamos construyendo un lazo más afectivo. Casi una amistad. Y, por alguna razón, ahí fui. Empujada por el impulso y por la necesidad de cerrar el cuento, me senté y empecé. No solo empecé. Empecé y terminé en el mismo instante.

Realmente no aguantaba más tanta presión, tanto secreto mal guardado, nervios, ansiedad. Basta. La verdad es que basta.

No me molesté en hacer ningún tipo de protocolo que le explicara la razón de mi mensaje, porque este tiempo que venimos trabajando juntos me sirvió para suponer que iba a tener el celular apagado. Entonces vomité palabras. No quería un mano a mano. No esperaba una devolución. No quería que me dijera nada. Yo solamente necesitaba escribir en una hoja. En un paredón, en un teléfono, en donde sea. En la ausencia de alguien que me permitiera tener la valentía de hacerlo sin ninguna mirada que me condicionara en nada. En nada.

Yo solamente necesitaba escribir. Como todo este último tiempo: escribir.

A los cuatro años empecé a tener dificultades con el lenguaje. Cada vez fue peor. Tartamudeaba y esto generó en mí un montón de dificultades sociales y de baja autoestima. Hice tratamiento para la tartamudez, pero no tiene cura. Vivía evitando muchísimas cosas. Incluso en el primer final que di, la profesora que tenía enfrente, después de mi ponencia, me dijo que si no sabía hablar iba a ser muy difícil que algún día llegara a ser psicóloga.

Pero yo seguí, Andrés. Seguí. Me recibí en cinco años. Y empecé a dar clases. Yo siempre quise dar clases y las di.

Nunca hablé de esto con nadie. Tenía miedo de avivar giles. Qué tarada. Pero tenía miedo de que si alguien no se había dado cuenta lo hiciera porque yo se lo estaba avisando.

El tema da para largo. Solo quiero que sepas lo que siento cada vez que doy una conferencia.

Dejé de luchar con mi síntoma y lo pude aceptar, y con él voy. O, mejor dicho, él viene conmigo.

Entonces, cada vez que termino de dar una charla, yo sola sé lo que hice. ¿Me entiendes? Mi rotura fue esa. No poder hablar. Y entonces hablar rápido es una forma de sentir que no voy a trabarme, aunque lo haga igual. Y lo sé. Y traté de que no se notara. Y créeme que lo padezco.

Imagínate que no podía dar una lección y, ahora, verme ahí... Eso es realmente saber que gracias a que seguí caminando un poco rota, con un trastorno que me incapacitó muchísimo, hoy, gracias al amor de tanta gente, lo último que me importa es si tartamudeo o no. Me fui sanando de alguna manera.

Hoy puedo hablar en público. Sigo tartamudeando, pero muchísimo menos.

Ese, Andrés, ese es mi secreto. Yo sé que lo sabes. Sé que te das cuenta. También sé que a pesar de eso ves más allá y por encima de eso.

Te quiero.

Después de escribirle este mensaje, dejé el celular cargando en mi cuarto y me puse a escribir el prólogo del libro. Sí, este mismo.

Al rato, un tiempito después y ya un poco más calmada, sentí el bip del teléfono.

Era él.

Haber dejado de llorar fue una mala inversión porque ni bien leí las tres primeras palabras estaba volviendo al estado anterior y, para ser sincera, con la intensidad de mis emociones bastante peor.

Lore, ¡es hermoso leerte!

¡Claro que lo sé!, pero no sabía de dónde venía el tema. Y yo no pregunto. Y creí que solo eran nervios porque todo esto es nuevo para ti. Y digo «eran», porque anoche hablaste hermoso. Calmada. Serena. Como aquel domingo que te escuché por primera vez dar tu primera conferencia en ese edificio viejo de calle Corrientes. Ese domingo la rompiste, me acuerdo a la perfección. Y ese día supe que ibas a ir por ese camino, ¡y sería largo! Un camino donde te enfrentarías contigo misma, con diagnósticos, miedos, voces, pasado, etc., ¡y así has llegado al día de hoy!

Y tú eres tu principal testigo, la que atestigua contra todo lo que te dijeron.

Y eso que dices de que no tiene cura es grandioso. ¿Sabes lo que significa «incurable»?

Es una palabra compuesta: in(dentro) curable. «Incurable» significa que solo puede curarse desde dentro. ¿No es hermoso? Dentro de ti tienes todo para curarte. Dentro lo tenemos todo para curarnos. Anoche diste un gran paso. Desde dentro sacaste todo lo que te cura.

Te quiero, piba.

Lo primero que hice cuando terminé de leerlo fue volver a llorar. Me tapé la cara como si alguien me hubiese dejado expuesta frente a mi propia mentira. Él lo sabía. Sí, claro que lo sabía. Como lo saben todos y nadie dice nada. Como también lo sé yo y no digo nada. Siempre creí que darle entidad lo iba a agudizar más y realmente mi intención, desde el día en que me enteré de que la tartamudez no tiene cura, era desprenderme del diagnóstico. Ser a pesar de. Seguir mi ruta, con dificultades, pero seguir.

Toda mi vida fue eso. Mirar para dentro y después mirar para el costado.

Y cuando digo para el costado me refiero a hacerme la boluda.

A no darle identidad a lo que me está pidiendo una solución.

Estoy hablando de aceptar. Y para aceptar siempre mi intuición me explicó que tenía que ser consciente. Y, para mí, consciencia es ver. Es animarme. Es hacerme cargo. Saber cómo se llama y dónde me duele cuando me duele. Qué necesito cuando digo que necesito. Qué quiero de Juan que Juan no puede darme.

Qué quiere Juan de mí que yo tampoco pueda darle. Y qué voy a hacer en cualquiera de los casos.

No me quiero pelear con mi vida. Con las circunstancias. Con el destino. Con los dolores ni con los finales. No me voy a pelear conmigo porque, si así fuera, no tendría quien me defendiera.

Saber el nivel de consciencia siempre me dio más libertad. Y cuando digo libertad no me refiero a hacer lo que se me canta. No tiene que ver una cosa con la otra. Lejos de eso, la libertad de la que hablo es la de elegir sabiendo lo que elijo. De saber quién soy.

Quién soy. Qué quiero y adónde voy.

¿Te lo has preguntado alguna vez? Porque yo me lo pregunto todo el tiempo. No se volvió una obsesión, se volvió mi lugar de referencia. La línea que dirige mis pasos. El lugar donde hago pie.

El sentido de mi vida. Mi hogar.

La vida me ha pegado muchas veces en la cara. Este último tiempo muchísimas más. Pero siempre supe que no se trataba de algo personal. No creo ser la elegida ni la preferida del destino de nadie que dirija el mundo, porque siempre he asumido que, me pase lo que me pase, quien me va a sacar voy a ser yo.

Lo paradójico de toda esta fortaleza, si así se puede llamar, es que me la dio el mismo dolor. Las pérdidas, los vacíos, las ausencias, las frustraciones, las heridas que me empezaron a sangrar desde ese día en que no pude seguir hablando porque la palabra se me pudrió dentro de la boca y nunca más volvió a salir como alguna vez entró.

Y nada volvió a ser como alguna vez lo fue. Porque si hay algo que me hizo crecer, evolucionar y ser cada vez más yo, fue todo eso que un día me hirió. En la felicidad, todos vamos caminando derechitos y sin chistar. La vida acomodada no nos pide ninguna exigencia. No necesita saber qué tenemos dentro para batallar. Uno sonríe y disfruta. Y cuando me toca, me encanta. Aprovecho.

Me sumo a la manada y me saco a bailar. Soy feliz cuando me toca y también voy conociendo en qué lugares encuentro esa paz. Y vuelvo. Trato de volver cuando puedo. Y todo vuelve a estar bien. Y cuando no, aprendo. Aprendo. Siempre aprendo.

Yo soy Lorena. No mis incapacidades. No mis limitaciones.

Y, además, ¿sabes qué? Si me da miedo viajar en micro, no me voy a tomar un taxi. Y esta es la ley de mi vida. Tomo el micro con miedo, vergüenza, con pudor, con las manos y los pies temblando, pero lo tomo igual. No es que lo enfrento, no me interesa. De la misma manera que no me importó, cuando era chiquita, que me dijeran que no iba a poder ser yo.

Y digo «ser yo» porque si hay algo que me nombra es la palabra. Mis ganas de comunicar. De decir. De no callar.

Hablar pudo haber sido mi lastre. Y, sin embargo, lo hice mi trofeo.

Así me curo. Así me voy curando. Construyendo el mundo en el cual quiero vivir. Donde nadie me lleve a la fuerza. Yo quiero vivir despierta.

Así aprendí.

Solita. Llorando a puertas cerradas. Y a corazón abierto.

Yo me curo sola. ¿Que si lo supe de inmediato? No, para nada. Lo supe después de darme cuenta: que se me rompa la parte que sea, yo voy a seguir caminando igual. No tuve secretos. A nadie que me salvara. Nada que lo hiciera. Pedí soga muchas veces. Así, a gritos, a alguien que me curara las heridas. Que me explicara cómo se salía. Por qué. Para qué tanto dolor. Hasta cuando me iba a velar a mí misma. Preguntaba, pedía señales, ayuda. Hasta que un día, en medio de una tristeza profunda, de esas que me solían atrapar cada vez que la depresión, compañera eterna de mi vida, se hacía presente sin que yo la llamara.

Otra vez. Otra vez.

Entré al baño de casa. Cerré la puerta de un portazo. Me vi la cara debajo de tanta pintura chorreando y me miré al espejo. Me acerqué como para decirme un secreto a mí misma y parí mi dolor. Lo que vi enfrente fue mi niñez. Mi carita, mis dos colitas. Mi vulnerabilidad. Mi inocencia y mi indefensión frente a un mundo que siempre me dolió. Pero no me callé. No me callé. Porque nadie me va a callar. Nunca.

Dejé de llorar. Dejé de llorar, carajo.

Y ahí salió mi voz. Nunca nadie me había gritado tan fuerte. Yo misma me retumbé en la cabeza.

«Cúrame, Lorena. Cúrame, carajo, cúrame». Cúrame de una vez.

Cúrate tú.

¿Que si dolió? Sí, claro que dolió. Pero después sanó.

1

Abandono

A todos nos abandonaron un día.

Y cuando digo «abandonar» no me refiero solo a un acto extraordinario. Traumático. No. Es más simple. Pero duele igual.

A todos nos abandonaron en el medio de un quilombo. En el inicio de un proyecto. En el placer del logro cumplido. En el momento menos pensado. En el momento más esperado.

A veces pasa que te das la vuelta y no tienes quien te junte los mocos, quien te dé la palmada en la espalda, quien te guiñe el ojo cuando algo te ha salido bien y quien te limpie las rodillas cuanto te has caído.

Todos sabemos la soledad que se experimenta cuando nos sentimos solos. Porque a todos nos abandonaron un día.

Y entonces encontramos un secreto tristísimo, un acto paliativo para tapar ese pozo.

Vemos gente que se come la angustia tragándose un paquete de cigarrillos, el otro que corre y corre como un loco a ver si el viento en la cara le vuela ese agujero en el pecho. Personas que se comen las uñas junto con los nervios y la ansiedad paralizante. Paquetes de galletitas que van a parar a la boca, sin noción de que lo que se intenta matar no es el hambre. O, por lo menos, no esa. Pibes que se perforan la nariz y las venas con alguna que otra cosa que los lleve a otra realidad por un par de horas. El otro se pone a jugar lo que no tiene. Tú compras compulsivamente cosas que no necesitas para sentirte un poco vivo en ese instante.

Y yo me quedo mirando una película que me habilita, disimuladamente, a llorar mirando afuera lo que no tengo ganas de mirar adentro.

Es que somos tan jodidos con nosotros mismos que cuando peor estamos es cuando más nos castigamos. Porque todo eso que te comes te come a ti. Te pone peor. Te suma, al abandono, la culpa de hacer algo que sabes que no es genuino. Que no es lo que quieres.

No comes así por hambre.

No corres por deporte cuando huyes de ti. No te intoxicas por placer.

No te acuestas con esa chica por amor.

Tapas. Escondes. Metes debajo de la alfombra. Cierras los ojos. Te pones un bozal y un par de auriculares para no escuchar tu corazón.

Date cuenta. Te estás comiendo a ti. Y quizá el secreto está en frenar.

En sentir. En recordar que en ese abandono lo que te falta es lo que tienes que buscar. Amor.

Quizás sea hora de pedir ese abrazo.

De acostarte en las rodillas de tu mamá. De poner agua a hervir y llamar diciendo: «Sí, te juro que te necesito». Es ahora. Después no.

Ahora.

Anda a esa casa. Habla con quien te quiere. Escucha. Llora. Grita. Di. Vomita. Pide. Da.

Ahora.

Hacer malabares en medio del despelote no te devuelve más que un resultado despelotado. Resultado que no va a curar la herida que te sangra porque le estés poniendo una tirita.

Las tiritas no curan. Las tiritas tapan.

Y tú sabes muy bien que el dolor tapado no es dolor sanado. Para un poquito. Mira en el espejo de tu alma.

Frena. Mira lo que te falta y sal a buscarlo en donde creas que lo puedas encontrar. De verdad. No revolotees como mosca en platos vacíos. Pide lo que necesites si ves que solo no puedes. Porque no hay peor abandono que el que se hace a uno mismo. Con eso sí que no se juega.

No tienes derecho.

2

Una dosis más

Una dosis más.

Yo me fui antes de irme.

Dejé de consumirte antes de suicidar un deseo perverso que me empujaba a seguir haciéndolo. Me fui necesitándote.

Pero me fui igual.

Es que la gente hace esfuerzos incontables para dejar de amar, como si ese fuese el primer paso necesario para retirarse de un hueco en el que inexplicablemente se ama y se sufre a la vez.

No es amor. No. No lo es. Adicción. Se llama adicción.

Entonces, uno pretende dejar de sentir como primera medida para agarrar el bolso y traspasar la puerta.

Y espera.

Espera meses. Espera años. Hechos y situaciones. Más dolor.

Un poco más de soga. Un rato más de esperanza. De ilusiones a todas las medidas de los plazos posibles.

Una dosis más.

No importa si ese otro te quiere. Tenerlo cerca te calma.

Es un dolor que calma y eso te basta, aunque dure diez minutos.

Un segundo. Alcanza.

Hasta la próxima vez que vuelvas a necesitar una pitada más.

Y entonces, antes que nada, prefieres sufrir.

A pesar de pasar noches de insomnio controlando una vida que, por más que se espíe, nunca va a ser propia.

Controla.

Uno cree que controla.

Espía la vida del otro para tenerlo más cerca. Lo investiga para tenerlo más a mano. Para intentar meterse más adentro. Un poco más.

Y ahí los ves, sacudiéndose la nariz como adictos a una droga que deja síndrome de abstinencia, cargados de lágrimas que no se soportan.

Haciendo cualquier cosa y a cualquier precio para quedar inhalando a una persona tóxica que nos embarra la vida. Nos apaga la sonrisa. Nos mata el corazón a mordiscos.

Droga que no se consume, pero que afecta igual. Adicciones sin sustancia, pero con nombre y apellido.

Adictos al amor no correspondido. Inerte. Matado y cascoteado que, en nombre del amor, defienden a capa y espada. Pagan precios inexplicables con tal de evitar el encuentro con ellos mismos en una habitación cargada de fantasmas y soledades.

No es así.

Puedes irte primero sin dejar de amar. Sí que puedes.

Pretender dejar de amar para cortar el tajo en el alma es lo mismo que pedirle a un alcohólico que deje de gustarle el alcohol para que deje de tomar.

Primero, te vas antes de irte. Tienes que irte amando lo que crees que amas.

Con el deseo puesto pero insatisfecho. Con ganas de recaer. Te vas no pudiendo irte.

Porque sí. Porque te hace daño. Con eso alcanza y sobra para inclinar la balanza hacia el lado de tu vida.

Primero te vas. Y después sí.

Con el tiempo y con aprendizaje, se te impone la tarea de un duelo que vienes postergando hace rato mientras te vas velando a ti misma.

Nadie dijo que irte amando no fuera a doler.

Pero nadie dijo que esto que te estás haciendo te doliera dos veces.

Anda, carajo. Mira cómo estás. Anda. Y después ves cómo y por dónde.

Pero primero sal de ahí.

Suelta el dolor. Traiciona a la angustia de una vez por todas. Suelta el dolor, aun amando. Sí. Puedes irte aun amando.

Después, con el tiempo, verás cómo hacer para empezar a pisar distinto en un universo cambiado.

El secreto para dejar de consumir está en quitarse de encima el síndrome de abstinencia sin dejar de amar lo que nos gusta y a pesar de que nos duela.

Primero se prepara la maleta. Después se hace el duelo. Como todo. Como la vida.

Primero la muerte. Después viene el velatorio.

3

Flores en el barro

Estos últimos días fueron difíciles.

A veces miro para atrás y me doy cuenta de que todo lo que tenía en mi vida ya no lo tengo más. Te diría que solo quedaron pocas cosas. En definitiva, y con un resto de asombro, termino dándome cuenta de que todos los duelos que atravesamos terminan siendo duelos por nosotros mismos.

Nos morimos a cada rato. En cada frustración.

En cada realidad que se traga de un bocado nuestras utopías. En cada sueño que no va a despertar.

Y en todos esos proyectos que solo van a quedar en nuestra fantasía.

En todas las desilusiones.

En toda esa gente que nos quema la confianza. En cada herida.

En cada dolor.

Morimos y nacemos a cada instante.

Cada vez que alguien se nos va. O también, y mucho más doloroso, cada vez que alguien nos deja.

Morimos cuando abandonamos. Cuando no nos eligen. Cuando nos arrepentimos. Cuando perdemos tiempo abriendo el corazón en lugares donde no se le oye latir.

Traición.

Morimos en cada traición. No importa de donde venga. Si de dentro o de fuera, morimos igual.

Morimos. Siempre morimos.

Y así, en un abrir y cerrar de ojos, la vida cambia sin piedad ni permiso.

Mi vida no es la de ayer.

Justo Federico me dijo que me había pasado un tren bala por encima. Supongo que estaría hablando del mismo tren que le pasó por encima a él. Y a ti. Y al que está por llegar.

Acepto el reto porque me parece buenísimo dar portazos desde dentro.

Mirar nuevos ojos y planear nuevos sueños. Acepto todo lo que caiga sobre mí porque, después de llorar desconsolada y a gritos, agradezco todo lo que me han dejado esos lutos.

Brotes. Me dejaron brotes.

Estoy poniendo flores en el barro.

Y conste que podría haber elegido hundirme también. Pero no.

Estoy poniendo flores en el barro. Imposible que no crezcan.

4

Me caigo

Me doy cuenta de que todos tus miedos y dolores, que de repente me resultan exagerados, vienen desde otro lugar.

Desde otro tiempo. Desde donde, siendo tan chiquito, no pudiste hacer otra cosa más que ocultar tus emociones y acomodarte como pudiste. Sin voz ni recursos, seguramente haciendo lo que menos vergüenza te daba.

Lo que pasa es que cuando uno es un niño quiere ocultar las heridas del alma porque el abandono y la falta de cuidado los vive como rechazo. Como una penitencia injusta.

Subida de tono.

Y eso da vergüenza. Hace pensar que por algo no te quieren y entonces no quieres que nadie más se dé cuenta, por si acaso resulta contagioso.

Ya lo sé.

Yo también tuve infancia.

Te diría que todavía la tengo intacta. Como tú. Como todos. Ahora, un poco más grandes de cuerpo, cuando te veo reclamar, desde el suelo y con berrinches, un poco del amor que te faltó, me coso la boca y te abrazo. Te pongo una manta en la espalda para que te muerda un poco la sangre que nunca coaguló y trato de reparar al menos una fisura.

Yo también fui chiquita y seguramente compartimos alguna que otra herida de guerra.

Todos estamos golpeados en el corazón.

Entonces, cuando me veas loca, incoherente, exagerando

una emoción que cuelga de una rama, te pido que me copies. Cópiame y abrázame a mí también.

Todos los niños heridos tienen derecho a sanar.

Yo también quedé allá. No siempre es fácil volver, tú me entiendes. Y si con suerte regreso, solo puedo volver de la misma manera que en esos tiempos. Y sí. Con dos colitas y escondida detrás de la puerta para que me regalen la sorpresa de encontrarme.

No me juzgues. No me preguntes. No me retes.

No te vayas. Búscame.

Quédate hasta que me cure y prométeme que, si sana mañana, me vas a esperar.

No me sueltes. A veces soy chiquita otra vez y me caigo. Prométeme que te quedarás.

Te prometo que yo me quedo.

Guerras

Hay guerras que transcurren encima de nuestros propios cuerpos. Uno se batalla a sí mismo porque los golpes que aprendió a resistir son los autogenerados. Así se siente más a salvo. Más seguro. Más a resguardo. Para que las heridas de fuera no lo encuentren como carne de cañón, uno se adelanta. Se desespera. Se calla. Se silencia. Se maltrata.

Y deja de dormir. Y duerme de más. Y deja de comer. Y come de más.

Y deja de amar. Y ama de más. Y se envenena con anestesia. Y se culpa. Y se castiga. Y se vuelve a pegar.

Y se guarda en una cama que convierte en ataúd. Y la abre para que pase cualquier cuerpo que nos haga olvidar el nuestro.

Y llora. Y se ahoga.

Y se mira al espejo. Y se odia.

Y deja de mirarse. Y ya no se reconoce.

Y se hace más chiquito. Porque no tiene con qué ser grande.

Y se pelea con su cuerpo. Con su alma. Con su pasado. Con su presente.

Con la muerte. Con la vida.

Hay guerras que transcurren encima de un cuerpo. Y uno pone el suyo como campo de batalla.

Como si hubiera otro.

Como si no lastimara. Como si pudiera salir ileso.

Como si tuviera alguna oportunidad de ganar.

Como si, acaso, la sangre que chorrea en nuestras manos

fuera menos sangre porque nadie nos ve. Porque nadie lo sabe. Porque nadie lo imagina.

Uno es cruel con uno mismo. Como si lo mereciera.

Como si no importara.

Como si el tiempo no existiera. Como si la tortura lo salvara.

Y entonces pone su nombre para destrozarlo. Para encerrarlo en su propia jaula.

Como si el dolor fuera su precio, su condena, su cruz y su merecido por no haber sido amado. Cuidado. Elegido.

Entonces se pone en guerra con su corazón. Y lo hiere. Lo rasguña. Lo flagela.

Lo rompe.

Como si así ganara. Como si así ganara. Elígete a ti.

Cuídate a ti. Ámate a ti.

Ese es el único final de todas las guerras posibles.

Bienvenido

Nos acostumbramos a creer que estamos hechos y determinados por lo que nos pasó. Un poco es así. Pero también, y con un poco menos de popularidad, una vez que ya se ha hecho la revisión interior de los que nos llevó a donde estamos es momento de fijar la energía en lo que viene. Porque llega un día en el que un punto en medio de la hoja nos invita a pensar que somos lo que vamos a hacer de nosotros de acá en adelante.

De acá en adelante.

Entonces, el pincel empieza a dibujar paisajes con cara de aventura. Y lo incierto se pone como protagonista de nuestra vida y de repente todo tiene cara de nueva oportunidad.

A esta altura del partido ya sabemos que las heridas nos constituyen y que cada golpe guarda el registro de una cicatriz abierta que, quizá, nunca vaya a sanar.

Pero aprendimos a caminar igual. Porque entendimos que el foco podemos ponerlo en la rotura que nos tocó atravesar o en la infinita posibilidad de seguir caminando, aunque con esa marca puesta.

Y uno decide. Siempre decide.

Si quedó algo pendiente por tirar, yo ya creo que es la hora. Que ya hemos tenido tiempo, años para soltar lo que nos hacía mal. Y no porque quisiéramos hacerlo, sino porque nos hacía mal. Y fuimos entendiendo que con esa premisa es suficiente para dejar ir. Para dejar volar.

Al pasado, una reverencia infinita por haber sido maestro indiscutible del presente. Y al presente, valija en mano.

Momento de saber que no solo somos lo que fuimos. También somos todo lo que podemos llegar a ser.

Bienvenido, presente. Costó.

Pero bienvenido, al fin.

Cortar

Todos necesitamos salir de nosotros mismos al menos un rato cada día.

Cortar el cordón umbilical con nuestra herida supone eso mismo: cortar.

Y uno corta cuando cierra la boca y pone el oído. Cuando levanta el sonido de la música y se anima a bailar con los ojos cerrados y las manos abiertas. Cuando agarra un lápiz y pinta garabatos mientras tararea la canción que se le ocurre y no se pregunta de dónde la sacó.

Cuando termina siendo el juguete con el que está jugando. Cuando deja de mirar el paisaje a través de una cámara de fotos y sin darse cuenta se vuelve parte del cielo que contempla. Cuando mira enfrente a quien tiene sentado y no al de la mesa de al lado.

Y también uno corta cuando mete las manos en la tierra y siente el barro y no las manos.

Y cuando da en vez de quedarse en el sillón esperando lo que le debe aquel de quien le faltó recibir. Cuando corre y se hace el viento que le pega en la cara, y logra que por un instante ni siquiera intente recordarse. Y cuando canta, cuando se ríe, cuando corre a la par de los pelos de su perro y sonríe cuando lo mira de costado. Uno corta cuando valora la flor no al mirarla, sino al olerla. Cuando se pierde en una mirada sin importar de quien venga. Cuando ofrece un hombro y no un pañuelo. Cuando viaja. Cuando sueña. Cuando agradece. Cuando ama.

Irse. Perderse. Romper.

Salir del huevo podrido implica sanar. Y para eso hay que sacar la nariz de nuestro dolor un poco. Dejar de lamernos las heridas y confiar en que hagan el proceso a su tiempo y a su modo. Olvidarnos de lo mal que nos salió lo que hicimos, y también lo que no hicimos y podríamos haber hecho. De planear estrategias para que el mundo se acomode a nuestros deseos en lugar de agradecer, simplemente, estar soñando.

Uno debería obligarse a olvidar quién es, al menos de cuando en cuando. Al menos, por un rato.

Porque, a veces, un rato alcanza para cambiar un momento.

Y, a veces, cambiar un momento es todo lo que se tiene a mano.

De ningún velatorio tengo lastres

Me amigué con mis sentimientos el día que empecé a ir a los funerales.

En cada entierro de relaciones perdidas usé, hasta exprimirlas, cada una de las emociones que tuve a flor de piel. Siempre vale todo en materia de latidos.

No se cuestiona lo que se siente. Se le da vida.

Se le hace un lugar en la garganta y se lo deja respirar.

Se lo nombra. Se lo llama. Se lo vomita. Se lo llora. Se lo escupe. Se lo acepta y se le da el derecho a su libertad.

Tiene que explotar. Tiene que salir. De ningún velatorio tengo lastres.

En todos pude despedirme con la paz de no saberme con palabras estancadas.

Las palabras se dicen. Se escriben. Se gritan. Se lloran. Se usan.

A momentos, me vienen imágenes de las cosas que perdí y tengo el honor de ponerle una flor a mi recuerdo ya velado y enterrado.

Te voy a llorar igual.

Eso no quiere decir que lo que tenga que morir lo someta a sobrevivir.

Asisto a duelos con frecuencia. Me quiebro. Me rompo. Me lamento. Lo que sea necesario para poder sanar.

He llegado a hacer un duelo de mi propio dolor y no me importa.

No me voy a callar.

Siempre voy a decirme la verdad. Iré a miles de velatorios a cada rato y cuando sea necesario. Y dolerá. Lo sé.

Qué me importa.

Que pase lo que tenga que pasar.

Pero nunca jamás me voy a permitir enterrar mis propias palabras.

Eso sí que sería asistir a mi propio funeral.

9

No estabas

De camino a casa decidí desviarme un poco.

Paré en un quiosco, primero, y me compré veinte caramelos. Ya sabes, los palitos de la selva. Estacioné en la puerta del lugar en el que te vi por última vez. Me bajé del auto y entré. Recorrí todo el hospital de igual manera que lo hice todas las veces. Confieso que desde que te fuiste creo que voy a volver a encontrarte un poco disfrazado en otro cuerpo, pero supongo que voy a reconocerte aunque te pongas una bolsa en la cara. Quise respetar la rutina, pero no pude subir las escaleras porque no me dejaron. El horario de visita había terminado.

Se ve que lo cambiaron.

Me pareció verte sentado en la punta de un banco, esperando un turno.

Pero no sé. Nunca te descuidaste tanto. No, no. Te miré dos veces. Levantaste la cabeza. Pero tus ojos no me miraron. Entonces seguí caminando. No estabas.

Nada de eso tenía que ver contigo.

Sí, por supuesto que todos los recuerdos me asaltaron la cabeza, pero no lloré. Los dejé venir. Eran una forma de traerte de nuevo. A quién le importa de qué forma. A quién.

El recorrido duró menos de lo que esperaba. Necesitaba despedirme de una vez.

No de ti. De mi fantasía. De mi pensamiento mágico y delirante.

Necesitaba dejar que te fueras. Soltarte, papá.

Me volví al auto y me quedé sentada, con la mirada perdida, comiendo los caramelos.

No estabas.

Ayer me dijeron que no eres tú quien me habla al oído. Que soy yo, que conozco perfectamente cada una de tus respuestas y las digo en voz alta. No eres tú, papá.

No eres tú.

Ellos dicen que soy yo misma. Y los creo. Confío en su honestidad. No tienen nada que ganar ni perder con su opinión, opinión que yo sentí como un puñal de certeza.

Resulta que no eras tú, papá. Soy yo.

Extrañando. Doliendo.

Necesitando. Amándote.

Con todas las palabras dentro de mi cuerpo y sin embargo insistiendo en buscarlas fuera. No estás ahí. No estás ahí.

Estás acá.

Acá. Conmigo.

No hay nada que buscar. Todavía no lo entiendo. Nada que buscar.

Se trata de sentir.

De sentir. Y claro que te siento. Y ese es mi milagro.

Pero a veces no me alcanza. No entiendo qué más quiero. Juro que no me entiendo.

Nunca nadie

Desde que te fuiste, tu lugar quedó huérfano.

Hay un montón de sillas ocupadas por mucha gente hermosa también. Y las necesito como parte de mi mundo y de mi rutina. Lo sé y se lo agradezco un montón.

Pero tu lugar, tu espacio, tu alrededor está deshabitado. Y así será para siempre. Porque es mentira que las personas sean prescindibles. No sé quién dijo esa pavada que todos asumieron como cierta. Yo no cambio un corazón por otro porque todos laten distinto.

Nadie es reemplazable. Nadie.

Eso es una mentira que consuela al que lo dice y no al que lo escucha.

Saberlo no me duele.

Me obliga a no gastar tiempo buscando algo que nunca voy a encontrar.

Aceptarlo me libera de una frustración garantizada. De hecho, y para ser más específica, no voy a intentar salir a reemplazarte.

Nunca nadie en el mundo va a ocupar el lugar que tenías en mi pecho.

Nunca. Y esto es así no porque yo niegue tu partida. Yo sé que te fuiste y que esta vez no habrá billete de regreso. Claro que lo sé.

No estoy loca.

Pero también sé que eres importante en mi vida, estés donde estés ahora y por una sola razón.

Porque eres tú.

No sé si me entiendes. Porque eres tú.

Viéndolo así

Quizá sea más fácil y sincero asumir que vivimos entre paréntesis que, de repente y sin aviso, pueden volarse de un solo disparo. Y entonces aprendemos a valorar cada instante como si fuera lo único certero que tenemos.

Viéndolo así, dejaríamos de pelear contra el destino, contra los dolores, contra las pérdidas y contra la vida. Viviríamos con la sangre burbujeando, desgastando cada respiro, cada encuentro y cada beso. Como si nos viéramos obligados a sacarle punta al lápiz cada cinco segundos y así transitar como si cada letra fuera la primera que escribimos. Entregando, en cada oración, todo el amor que tenemos por si acaso mañana, o dentro de un rato, nos toque dejar este piso.

Ese, entiendo yo, es el único éxito posible.

Habernos ido, sabiendo que lo único que hicimos fue vivir dejando nuestra impronta en este suelo.

Yéndonos, cuando nos toque, a descansar a un cielo que, como un premio, tenga nuestro color.

12

No vas a volver

Hace unos días te vengo extrañando de nuevo.

A veces el duelo es engañoso y te pone, encima del hombro, la ilusión de una mano que te empuja al siguiente escalón. Y uno cree que avanza. Que algo parece indicar que el tiempo juega a favor.

Pero, de repente, te necesito de nuevo.

El sonido de tu voz empieza a perder la nitidez y no sé de dónde se agarra.

Lo pierdo y me muero. Me desespera pensarlo.

Todavía retengo tu mirada. Tu sonrisa y tus gestos. Sé lo que vas a decir cada vez que le pregunto a tu foto lo que se me viene a la cabeza. Eso me calma. Es una forma de tenerte otra vez.

Y a la noche todo retrocede a punto cero. Te pido perdón y no me respondes.

Te llamo en voz alta, ya sabes que no tengo vergüenza en decir lo que quiero, pero tampoco vienes.

Te lloro más fuerte como para hacerme notar. Y nada cambia. No vas a volver.

Tengo a Juanse durmiendo a mi lado. ¿Lo ves? Sé perfectamente que era tu preferido. Todos lo sabíamos.

Escucha mi congoja y se da la vuelta.

Hace rato que elegí no encerrarme en ningún baño para sentir. Me abraza y me acaricia el pelo. Está dormido.

Pero se ve que me escuchó.

Acaba de abrir un ojo. Me pregunta qué me pasa. «¿Qué pasa, ma? ¿Estás resfriada?».

«No, mi amor. Extraño a mi papá».

Me aprieta fuerte fuerte y se hace gigante. Me palmea la espalda como si tuviera las manos enormes. No deja de tocarme la herida hasta que se duerme.

No me dijo nada. No hizo falta. Simplemente me amó.

Por eso

Pisando el hoy, miro en retrospectiva y, claramente, entiendo que me pasó un mundo por encima.

Supongo que a ti también.

Así y todo, nunca creí que fuera una cuestión personal. Siempre supe que era la vida manifestándose.

Por eso seguí. Por eso acepté.

Por eso transformé. Por eso aprendí.

Por eso perdoné. Por eso solté.

Por eso siempre sé que puedo volver a empezar. No es con uno. No fue conmigo. No es contigo. No se trata de quién merece o no qué cosa.

Es la vida

Y es imparable.

De dentro

Si hay algo que aprendí con el paso de los años es que una forma de curarme las heridas es amando.

Por supuesto que muchísimas veces no fui correspondida. Y no me refiero solo al amor de una pareja. Para nada.

Tengo un historial de relaciones donde me quedé queriendo un poco sola. Pero si la intención de mi amor fuera que me devolvieran lo que doy, estaríamos hablando de algo distinto.

Cuando amas, porque no puedes elegir algo distinto, cuando te importa el otro, a pesar de que al otro no le importe tanto de ti; cuando disfrutas de ver reír a la gente que te hace feliz simplemente porque existe, el regalo que tienes no viene de fuera.

Viene de dentro.

Y, seguramente, yo también fui la otra mitad que no pudo devolver lo que le daban. Claro que lo sé.

Pero el que me quiso, en los términos en los que hablo, ese, doy fe de que todavía está acá. Conmigo.

Jamás marca el número del reproche y del reclamo al abandono. Porque entiende.

Lo siente.

No le interesa. Me quiere.

En ningún vínculo las dos partes quieren igual. Ni con la misma intensidad.

Ni de la misma forma.

Y nosotros tampoco queremos de una sola manera. Somos con quien tenemos enfrente.

De dentro

Dentro. A nuestro lado.

Y quien es capaz de soltar la espera de ese amor de regreso, como si fuera una vuelta marcada de antemano, entrega su corazón con mucha libertad.

Por lo menos, a mí me pasa eso.

Cuando no espero nada, ni siquiera que me quieran, soy libre. Y justo ahí me hago más fuerte.

Más yo. Más mía. Más viva.

Y sí, cómo que no.

Así también me voy sanando.

No te vayas

Estoy dispuesta a dejar de cuidarme.

A disfrutar el momento sin pensar en el final.

A matar los miedos del abandono y de una pérdida más.

Al fin y al cabo, que me cuide no garantiza que no me duela igual.

Yo hago el intento de nuevo. Te lo prometo. Me lo prometo. A cambio, te pido algo.

No te vayas.

No quiero que te vayas.

No dejes de sostenerme la mano a pesar de la distancia. Cuando hay presencia, no hay separación. Y tú estás. Yo te siento. Sabes que te siento.

Tenme paciencia. Un poco más.

Nunca dejes de decirme que suelte los temores. Ábreme los ojos.

No me permitas que acepte un amor con dudas.

Dime, con más fuerza, que viva el momento. Que disfrute. Quiero que sepas que ahora, contigo, tengo algo que antes no tenía y que no quiero perder.

Creo en ti. Confío.

Aprendo.

Hablo contigo y en ese paréntesis deja de existir el mundo. El otro. El que no me gusta.

Casi te extraño más de vez en cuando.

Ya sé, ya sé... Siempre pongo un casi en el medio, de barrera.

Pero voy aflojando poco a poco. Tenme paciencia. No nos quiero perder antes de encontrarnos. No tengo apuro.

No estoy ansiosa.

No tengo expectativas.

Te quiero. Y también sé que me quieres.

Vamos bien. Sí que vamos bien, y creo que tiene que ver con que no estamos yendo a ningún lado.

Y eso me ayuda. No me presiona. Somos sinceros. Libres. No te vayas.

Abrázame antes de dormir. Abrázame mientras duermo. Vivo con frío desde que él se fue.

Ponme una manta y acaríciame el pelo. Cuéntame un cuento. No me beses. Todavía no.

Prométeme que no me vas a soltar y yo te prometo que pierdo el miedo a que lo hagas.

Coincidir

Las manos que me dieron no siempre fueron manos conocidas. Y, sin embargo, muchas veces, me abrazaron como si así lo fueran. Y entonces uno descubre que un encuentro verdadero nada tiene que ver con el tiempo ni con la historia. Por el contrario, necesita de la apertura interior de uno mismo. De creer en la magia. De no esperar lo esperable y, en todo caso, de asumir la posibilidad de saber que hay corazones que nos pueden amar en un instante.

Es que sí.

No se necesita formulario. Se necesita coincidir.

Y para coincidir se necesita entrega.

Quienes nos decepcionan siempre son, por definición, aquellos en los que más confiamos. Habrá que empezar a creer en lo que uno siente y dar ahí, donde vibra nuestra energía.

Se pueden crear historias en un momento.

Del mismo modo que se pueden romper en un instante. Llórate todo.

Todo lo que te dolió. Llórate la traición.

La mentira.

La soledad y el abandono.

Pero, después, levántate y nada más. Solo basta con que vuelvas a creer.

17

A mí

A veces, mis ganas de amar te buscan como desagüe. Te necesitan como el camino de transición de mi corazón hacia la nada. Y aunque te ubico en medio del sendero, con ansiedad de niña hambrienta, me encuentro con una piedra con la que rebota mi carencia y que se multiplica cuando espero que me des el permiso para poder darte lo que me sobra.

Viendo al amor estrellado en el suelo, sin haber llegado a ninguna parte, la respuesta que nunca supe darme me come la boca.

Amarme a mí. Cuidarme a mí. Darme a mí. Salvarme a mí. Curarme a mí.

No quisiera

Si tú supieras que cada duda tuya se come una de mis certezas, tratarías de disimular un poco más.

Cada semilla que le quitas a esta historia me contagia tu desgana y me vuelve intolerante. Entonces, por hartazgo, agarro una de las mías y me da por revolearla en algún campo despoblado, casi sin mirar.

No vaya a ser que florezca y sea culpa tuya, mi amor. No vaya a ser que florezca...

No quisiera estar en tu lugar.

Mi punto final

Si hay algo que me gustó de todo lo que te dije fue habértelo dicho.

Ya casi se esfumaron las expectativas de tu respuesta incierta. El deseo de que tu palabra se ponga del lado de la mía.

La necesidad vuelta dependencia de que me elijas del mismo modo que yo te elijo.

Decírtelo hizo que mi mochila quedara vacía.

Mi honestidad limpió mi garganta, que estaba a punto de morir ahogada con mi propia mentira.

Mi liberación radical y mi deuda pendiente.

Mi logro. Mi cadena desencadenada. Mi jaula abierta. Mis alas volviendo a nacer.

La quietud de un mar revuelto en las tripas. Mi boca haciendo honor a sus sonidos.

La muerte de una ansiedad que dormía acurrucada en un cuerpo cansado de mi propia espera.

Mi aire.

Mi derecho. Mi permiso.

Mi punto final y el fin de mis miedos.

Mi habitación

Volví otra vez a mi habitación más oscura. Y quizá, y en contradicción, la única que no está abandonada.

Entrar ahí a veces duele.

Están los recuerdos de todos mis seres queridos. Mi risa infantil.

Mi primer amor.

La cara de las personas que me abandonaron. La cara de las personas que abandoné yo.

El olor de mi comida favorita.

La muñeca que dormía conmigo. Las fotos de mis amigos del colegio.

Las flores, un poco secas, que robábamos con mi abuelo de jardines que no conocíamos.

La complicidad hermosa con mi hermana. Las calles de mi barrio con toda mi historia.

La cocina de mi casa, rodeada de todas las historias de mis amigas.

El aroma del perfume que usaba antes.

Las lágrimas que lloré en mi cama por fulano y después, y con la misma intensidad, por mengano.

Las promesas que no cumplí. Las que no cumplieron.

Las mentiras que me dije. Que te dije.

Que me dijeron. Mis primeros libros. Mi primer beso. Las figuritas del álbum que papá nos escondía en el lugar de siempre. Un rincón que jamás se me ocurrió espiar. El chocolate que nos daban por las noches no como premio, sino como regalo.

Mamá teniéndome la mano cada vez que volvía esa otitis espantosa.

Todos mis miedos. Mis complejos. Mis frustraciones. Mis secretos.

La playa. El mar. El olor al ascensor del edificio de las vacaciones.

Mi soledad y mi compañía.

Toda mi historia en esa habitación que no está abandonada. A la que vuelvo como si fuera la tumba de mi propia vida, a dejarle flores y a prenderle una vela para reencontrarme conmigo.

Esta habitación tiene una sola puerta. Una sola llave que abre y que tengo yo.

Mi parte más profunda. Más honda. Más real. Más mía. Ahí está.

Recuerdo mis tres deseos. Siempre los mismos. Los mismos que pido ahora.

Claro que sí.

El alma es inviolable. No cambia.

No se destruye. No se corrompe.

Nunca supe dónde quedaba el alma. Pero siempre supe cómo llegar.

Pude haberme roto por todos lados. Menos por uno.

Ahí es a donde debo regresar cada vez que necesito recordarme entera y sin dolor.

El alma no se rompe.

Mi alma está de pie y es solamente a ella a quien le debo todas mis explicaciones.

Sangres esclavizantes

Hay sangres esclavizantes.

Uno siente que lo que se trae no se cuestiona.

Agacha la cabeza y se convierte en víctima inmodificable de un bolso que no decidió traer a cuestas y que, encima, pesa.

La puta que pesa.

Uno también puede cuestionar y hacerse libre de esos vínculos que, aun compartiendo el mismo líquido, lastiman.

No toda familia contiene. No toda familia hace bien.

No toda familia está destinada a querernos.

De hecho, y en carne propia, como la tuya, muchas veces el mayor acto de desamor lleva nuestro apellido incrustado en medio del pecho.

También puedes elegir retirarte y dejar de insistir. Hay sangre que une y salva.

Hay sangre que también nos quiebra en pedazos. Hay sangre que hiere.

Hay sangre que mata.

Y uno tiene el as en la manga sin saberlo. Irte de un destino incuestionable te libera.

Te hace libre. Te permite volver a armar la familia que quieres. El nombre que nos duele; el espacio que ocupaba, ese que uno decide abandonar cuando planta la bandera del hartazgo, ya no importa un carajo.

Si te duele, ese es el límite. Hay cosas que no se negocian.

La sangre que nos rompe tampoco.

Yo quiero

Sé perfectamente que esto de no intentarlo me está doliendo más que el golpe que pudiera darme si me llegara a caer. Y, sin embargo, me ato. Se me paraliza la cabeza. No sé por dónde empezar. Ni cómo. Ni por dónde. Y me pongo ansiosa. Y un tanto loca. Y los pensamientos no me dejan dormir y, lo que es peor, tampoco me dejan estar despierta.

La gente dice que no saber lo que se quiere es tremendo.

Te invito a saberlo y a no animarte a pegar el salto. Pedazo de regalo que, al abrirlo, está vacío. Imagínate esa desilusión. Esa frustración en tu cara. La angustia del miedo a perderlo todo sin tener nada.

Eso es no intentar. Es vivir acomodado.

Es la rutina del desastre. Del sinsentido.

Es comprarte el juguete que querías y tirar las pilas en el cubo de basura.

Es caminar porque alguien te empuja y no tener idea dónde estás yendo.

Es la careta del que llora dentro del baño de su casa, con la boca cerrada y los dientes apretados.

La derrota del que nunca supo qué es pelear en su vida.

Es tener la suerte del que tiene el pan en la mesa, pero que es capaz de tragarse hasta los dientes para no comer y quejarse por tener hambre. Es la ocasión desperdiciada del que tiene su deseo, la ilusión y la causa de su vida en la puerta de casa, y cierra de un portazo como si le molestara la visita.

Es la verdad mirándonos a los ojos y la mentira agachando la cabeza.

Si me muero ahora, me jodo. Sí. Me jodo.

La gente se muere de un momento a otro.

No sé quién me hizo creer que soy inmune a las leyes del destino.

Entonces...

¿Saltamos? ¿Vivimos? ¿Probamos? Yo quiero.

Claro que quiero.

Energía

La única manera de tener energía disponible para ti mismo es quitarla de los lugares que no te van a dar ninguna semilla que alimente y haga crecer tus propios deseos.

Primero se trata de definir qué quieres. Qué quieres.

Después, pregúntate para qué lo quieres. Para qué.

Y cuando empieces a hacer el listado de los *cómo*, tómate el hermoso tiempo de tachar bien grande todos los caminos, las personas, el tiempo, la dedicación y esas expectativas que nunca jamás te van a conducir a tus sueños.

Dicen que todos los caminos conducen a Roma. Habría que ver dónde queda Roma para ti.

Y, en todo caso, una vez definido tu destino, hazlo tan simple como pegar la vuelta si así hiciera falta.

Renunciar a lo que no tiene que ver contigo es un placer que vale la pena probar.

Es tener energía focalizada al servicio de tu viaje personal. Es dejar de perder el tiempo.

Dejar de perder el tiempo.

Al fin y al cabo, es lo único que tenemos para jugar el juego de la vida. Y algunos nos damos el lujo barato de apostarlo antes de empezar.

Dos días

Te sentaste para decirme que ya no me querías. Sacaste la factura interminable de todos los episodios que tuviste que seleccionar, para poder alzar la voz con justificaciones que le den un sentido indiscutible a tu final.

Bastante inesperado y, por cierto, ni que decir fuera de lugar. Hace dos días dormías conmigo.

Dos días.

Ayer, sin ir más lejos, te sentaste a cenar en la mesa con la misma cara de siempre. Esa. La que nunca fue capaz de anunciar una señal de todo lo que venías sintiendo. Hace años, Dios mío. Se ve que hace años.

En el medio de mi asombro sacaste a relucir todos los «no te perdono» que de repente, me entero de arrebato, me estabas condenando con la boca cerrada, pero el lápiz y la hoja en mano para que no se te pase nada, el día del punto final.

Que tu familia, que tus amigos, que la cama y las no ganas. Que mis modos y mis formas. Mi cara, mi pelo, mi casa y mi tono de voz.

Mi mundo entero que ayer, ayer, carajo, creí que elegías, de repente se hizo puñal por la espalda y me cortó la respiración.

Ya no te amo, dijiste, con la velocidad inesperada de un cuchillo que te corta un dedo, mientras estás tarareando una canción.

Ya no te amo, repetiste, con la cara en alto y pecheando una frase como aquel valiente que se retira arriba del caballo con la espada en la mano.

Y te dije que te fueras. Que no te quería ver más. Nunca más.

¿Rencor? No, querido. Dolor. Se llama dolor. Tristeza en el pecho.

Traición.

Sí. Sí. Traición.

Lo único que hiciste corto fue la discusión.

Esa, a la cual llegaste armado con mil batallas que se ve que peleabas en silencio y anotaste como un punto a tu favor.

Y tú, ya con un duelo transitado, elaborado, pensado y hablado con todos menos conmigo, me cortas la vida de raíz.

Traición. Se dice traición.

Nadie te culpa por dejar de quererme. Nadie.

Tan solo me quedó atravesada en la garganta la falta de delicadeza de no comunicarme tu proceso mientras que elegías junto conmigo el nuevo colchón.

Me duele el ego. La vida.

La historia. Los chicos.

Me duele el cuerpo. Vete.

¿O pensabas que ser valiente era decírmelo y quedarte durmiendo encima de mi moral, acariciándome el pelo, hasta que encuentres adónde ir a rehacer tu vida mientras sigues pisando la mía?

Vete.

Pero vete de una vez, hazme el favor. De valiente no tienes nada.

Nada. Nada. Nada.

Eres un cagón.

Ya está

Yo necesitaba, obstinadamente, de su amor para poder tener todo el rompecabezas montado encima de la mesa. Pero no pudo. No pudo quererme.

Aceptarlo me llevó lo mismo que te lleva un duelo de algo que nunca se perdió porque nunca se tuvo. Y con esto quiero decir que me llevó el tiempo más largo del mundo.

Pero uno de esos días que vienen inesperadamente me paré derechita, respiré por la nariz y reventé como un globo. Me acomodé el pelo mientras me miraba en el reflejo de la ventana y me dije a mí misma: «Basta. Ya está, Lorena. Basta».

No te quiere. No puede quererte. No va a quererte. Ya está. Se acabó la agonía de la espera.

Hoy. Acá. Frente a mí, frente a mi corazón. Ante mi mundo. Se terminó la lucha.

Aflojé. Coloqué unos papeles. Encendí un par de velas mientras me hacía un café y agarré el libro que estoy leyendo. Me senté sobre los talones, miré para arriba, como si el techo no tapara el cielo, y en un silencio gritado deletreé cada palabra.

Me toca a mí.

Me toca quererme a mí. Yo sí quiero.

Yo sí puedo.

Yo sí tengo ese amor que necesito. Yo sí.

Mano a mano

Esos momentos donde tienes que decidir para qué lado vas. Amigos a mano.

Palabras de gente que sabe.

Mamá, papá. Tus hermanos. Tus hijos. Pero no.

Eres tú y tu sombra.

Nadie nunca va a elegir mejor que tú.

Porque nadie nunca sabe mejor que tú qué te hace feliz. Qué te da paz.

Qué y cuáles son tus deseos reales. Sinceros.

Contradictorios.

Nadie sabe la vida que tú quieres vivir. Tus secretos.

Tus heridas.

Lo que tú necesitas.

Lo que a ti te hace mejor. Lo que tú disfrutas.

No importa la opinión del otro porque el otro necesita distinto, tiene valores distintos; disfruta distinto y quiere cosas distintas. Tiene una vida distinta.

Es distinto.

La charla es contigo.

Se cierran las puertas. Las cortinas. Las ventanas y no entra nadie en la conversación.

Tu mundo interno te pertenece y ahí tienes las certezas que buscas.

Nadie nunca puede saber cuál es tu latido. Dónde estás vibrando.

¡Ay! Apaga los comentarios, déjate de pedir consejos, de preguntar a otro qué haces con tus decisiones porque el otro sabe menos que tú.

Hay lugares donde uno se mete y no tiene conocimiento. Ahí están los permitidos de levantar el tubo y preguntar a ese que tiene lo que a ti te falta.

Pero ¿en cuestiones de alma?

¿De tu alma?

¿A quién más vas a llamar? Hazte cargo.

Imposible que te equivoques cuando define tu corazón.

Y si te va mal... ¿qué tanto estruendo? La vida siempre sigue empujando para delante por más fuerza que hagas en contra.

Dale. Cierra todo.

No mientas. Mírate.

Siéntete.

Tócate el pecho. Cierra los ojos. Respira profundo.

¿Qué quieres?

¿Qué mierda quieres?

Decide. Decide. Decide de una vez.

Sabes lo que ganas. Sabes lo que vas a perder. Decide.

El mano a mano siempre es contigo.

Un amor de mierda

Esperas que te diga que sí para decirme que no. Te resulta más divertido sentir el placer de la conquista que meterle la lengua al sabor de la victoria. Y entonces sigues deseando lo que no tienes, que solo por no tenerlo motiva a seguir buscándolo. Así vas como un pobre condenado a repetir la misma historia hasta el cansancio.

Hasta el hartazgo.

Pasando de un deseo al otro. Queriendo lo que no puedes.

Buscando hasta lo que no quieres.

Entonces, el que ya conoce el juego prefiere no dar para recibir. Parece ser que compensa más hacerse desear que dejarse encontrar.

Un pedazo de atentado contra el amor.

Padecer la espera de un amor que se brinda a cuentagotas es la vara que uno necesita para saber que el otro te importa demasiado. Si no te inquieta y te duele el alma, si no te revuelve el estómago, si no estás preparado para morir de ansiedad, entonces debe de ser un amor flojito. Tranquilo. Un amor insulso. Aburrido.

Así piensas tú del amor.

Un amor sano: un amor de mierda.

No se trata de eso

Pasa el tiempo y, aun sabiendo que tengo que despedirme de esta historia, me resisto a soltarte.

No tengo miedo a perderte.

Si hay algo que conozco de memoria es el color oscuro de las despedidas.

No me tiemblan el pulso ni el paso por el dolor que se avecina. No se trata de eso.

Tengo pánico de que estas ganas de amarte, que poco a poco vas matando con cada incertidumbre, no puedan resucitar en otra boca. En otro cuerpo.

Me gusta lo que siento mientras te amo y ahí me quedo y me duermo petrificada. Es un estado del que no quiero deshacerme.

Es un terror que se me impone ante el arrebato de no saber si voy a volver a sentir ese latido, una vez más, en otro nombre.

Sé que esta batalla tiene más balas perdidas que ganadas. Me doy cuenta de cómo voy apagándome lentamente con cada herida de mi alma.

Y, sin embargo, no me voy.

Me retengo a mí misma, aferrada a una soga caprichosa que me ata a la nada.

Y, sin embargo, no me rindo. No se trata de ti.

Se trata de mí.

Se trata de tener a mano la garantía de que voy a volver a amar así.

Tan simple e incierto como eso. Yo me quiero ver amando igual. Ni un poco menos. Ni distinto.

Entonces no

Si tu amor no es capaz de evitarme cada siesta de domingo en la que mi cuerpo, harto, se refugia de la vida, entonces no.
No me alcanza. No me salva.
No me cura. No me sirve. No lo quiero.

El último

Mientras tú dormías, repasé todas las maneras de decirte que este dolor fue el último.

De todas las formas posibles de hacerlo, elegí el silencio. No porque no sepa hablar, ni mucho menos.

Sino porque ni siquiera soportaría escuchar el repertorio infantil de tu defensa.

Dije que este dolor fue el último. Y punto. De los puntos finales que no se negocian.

Me voy sin ruido. Sin estruendo.

Sin acaso darme el privilegio de escuchar el portazo en el medio de tu cara.

En silencio, te dije.

Y esa es mi última palabra.

Finales

Te piensas que, porque dejé de hablar, no te estoy diciendo nada. Y, sin embargo, yo sé que te estoy dando un mordisco a la yugular.

Tú estás tranquilo porque dejé de decir lo que no tenías ganas de escuchar.

Y yo sé perfectamente que hay silencios que son finales. Como este.

Cuando pida soga

Pretenden que uno arrincone el dolor para que desaparezca.

Nos imponen cierres de historias sin posibilidad de prórroga porque el tiempo es tirano. Cuántas veces más van a seguir diciendo que tienes que superarlo.

Cierres.

Como si la angustia de una pérdida tuviera un horario de comienzo y un horario de fin.

Esperan que seamos pulcros con los tiempos y no nos demoremos demasiado, porque nuestra tristeza impone una carga a quienes nos responsabilizan en nuestro proceso de sanación.

Nos piden fortaleza como si fueran caramelos que se compran en el quiosco.

No nos pueden ver desmoronados porque, frente a esas emociones, tienen que poner también las suyas, y entonces seríamos varios manifestando un corazón llorando. ¿Y qué? ¿Qué pasa?

El dolor asusta y entonces unos tiran vasos de agua que atragantan llantos.

Imponen fechas de regreso a la vida. Adelantan relojes ajenos porque suponen que ya fue suficiente, y así van poniendo bozales a la angustia del otro para resolver más fácil silenciar una carga que no tienen el tiempo de llevar.

Está mal.

Dejar al otro transitar el camino de las lágrimas sin ponerle un pie en el alma es amor.

Nadie pide soluciones ni respuestas mientras está sufriendo.

Ese proceso lo está haciendo, pero con él mismo.

No le tapes la boca. No le digas cómo, cuándo y de qué forma. No le marques la hora en un reloj porque a cada uno le funciona distinto.

Déjalo caminar a su tiempo. A su modo.

A veces, uno necesita guardarse para después salir al encuentro de una forma distinta.

Sí. La gente se guarda a sí misma. No te vayas.

Quédate cerca por si en medio del camino necesita una palmada en la espalda que le recuerde que no está solo.

Que siga caminando y mientras él esté ausente, hazle sentir que tú estás presente.

Cuando él lo disponga. Cuando necesite otro espejo en el cual mirarse.

Cuando pida soga.

Y no cuando tu cansancio lo necesite. Respetar el dolor.

Eso es amor. Eso... es amor.

El nudo

Ni siquiera te tomaste el mate que te puse enfrente.

Me escuchaste, a pesar de que tu mirada no estaba clavada en la mía; estaba puesta en el aire, como queriendo agarrar las palabras que yo te iba diciendo para ordenarlas y darles un sentido.

«Te entiendo perfectamente», me dijiste. Ahora te entiendo.

Te saqué el mate como una forma de acercarme y de que levantaras la mirada, pero seguías moviendo la cabeza de un lado al otro, con esa sonrisa que a uno se le suele caer cuando ve un regalo que puede gustarle al otro.

Tienes que desatar el nudo. Porque hasta que no lo desates vas a ser tú al cincuenta por ciento.

Uno termina siendo lo que cree que es. No lo que desea. Lo que cree que es. Y yo estaba cumpliendo mi creencia. Y lejos de no darme cuenta, la tenía pintada en medio de la cara. Tanto se veía que también comprendí por qué hacía rato que esquivaba los espejos.

Entonces volver a mirarme fue lo primero que hice. Me miré con un poco de vergüenza (la mentira siempre nos genera vergüenza). Y yo sabía, perfectamente, que me había inventado mi propia jaula.

¿Por qué? Por miedo.

¿Miedo a qué?

A abandonar el lugar donde aprendí a acomodarme con un vaso de agua y un poco de pan.

Cuando me miré al espejo, lo único que vi fueron los costes que estaba pagando por esa decisión. Porque, dale, eso no era producto de la circunstancia que estaba viendo de mí.

Era producto de mi decisión.

Y mi elección me estaba haciendo perder el tiempo. Y ese tiempo ya se me empezaba a hacer cicatriz en la cara.

Bajé a la cocina.

Hoja y lápiz en mano. Cuadro sinóptico de mi vida.

No luches más contigo misma

Algunos sueños tienen la misma cara que los amores imposibles. Exacto. No pueden suceder. Al menos, no hoy. Ni mañana. Ni pronto. Ni algún día que quede cerca. Y quizá no lo hagan nunca.

Son semillas, transformadas en espinas, que nunca van a llegar a flor.

Espinas en medio del pecho que, como duelen, no se las puede olvidar.

Me duele.

Me toco y me duele. Pero no.

No pueden suceder porque, en la bolsa de decisiones de vida, muchas decisiones se contradicen y, de hecho, son las piedras que me miran, siempre me miran antes de empezar a caminar para que suceda eso que tanto deseo.

Confío en mí. Y también estoy dispuesta a darlo todo, del mismo modo que estoy dispuesta a renunciar a todo para verme la sonrisa que quiero tener.

Pero no es suficiente.

Decisión, entrega, sacrificio y deseo: no siempre son suficientes.

Lo que hace que un amor sea imposible es que no solo depende de nosotros. De lo que uno quiera. También depende de un otro, de un tiempo y de un espacio, y, sobre todo, depende de elegir no lastimar a nadie en el camino.

Aceptar la derrota de mi sueño es la posibilidad infinita de construir otros nuevos.

Dejar de ponerme la angustia y la queja como un modo de ser en el mundo y bien arriba del techo es crecer.

Crecer de evolucionar. De seguir. De continuar. De asumir que, cuando uno quiere comer helado, a veces ese gusto no está disponible. Se lo llevó otro.

No lo trajeron. Se pudrió. No importa. No hay.

No hay.

No luches más contigo misma. La guerra no lo va a traer a la carta. No luches más contigo misma.

Porque, aunque uno insista con el sufrimiento como testigo y con el sacrificio de darlo todo, hay amores que son imposibles.

No son posibles. No, no lo son.

Deja la espada en el suelo. Deja de lastimarte. De lamentarte.

Suelta la energía puesta en la fantasía y en la ilusión, y tráelas acá. A la realidad.

Mira para dentro. Para los cuatro costados. Mira lo que tienes. Lo que hoy tienes.

Mira todo lo que puedes amar. Construir. Elegir. Dejar. Buscar.

Empezar.

Pide lo que quieras. De los gustos que haya. Porque ese que no ves en la cartelera no está.

Es imposible. Hoy no hay.

No luches más contigo misma. Renuncia.

Y ahora sí. Empieza de una buena vez.

De ida

Y un día cualquiera soltaste los remos. Saltaste del barco y abandonaste la lucha. Barajaste y diste de nuevo. Volviste a elegir. O, ciertamente, empezaste a hacerlo.

Ni tú mismo comprendes cuándo y por qué empiezas a entregarte solo a lo que sucede inevitablemente y dejas de lado lo que te demanda esfuerzo.

Comprendes la realidad de un modo distinto. Esperas lo diferente.

Te dedicas a crear los momentos que quieres vivir, dejando de esperar que los momentos te construyan a ti. Ese día, aceptas al otro como es porque asumes, simplemente, que es otro. No peleas más. Dejas de enojarte. De enrocarte. De pedalear.

No tienes más ganas de rodearte de gente que te la complica, que te gasta, que te consume.

Vuelves a armar tu mundo, esta vez desde el corazón, y dejas la razón para otras cosas que la necesitan. Y así empiezas a escribir tu propio cuento. Distinto al que leíste antes. Nuevo. Tuyo.

Ya no importa si te une la historia, la sangre o los hermosos momentos compartidos.

De repente ya no te da lástima perder lo que no te suma, porque te das cuenta de que, simplemente, no te suma. Entonces te convences y les explicas a todos que ya estás de vuelta.

Lo dices casi con un agobio placentero por haberte dado cuenta de que llegó el momento de darte esos permisos. Piensas que es la cuenta regresiva. Que son las frustraciones, las decepciones, los dolores, el cansancio, la edad y las experiencias los que te hacen valorar lo que verdaderamente importa y restarles importancia a las cosas que te hacen mal y que te complican la historia.

Pero no. No estás de vuelta. Estás más de ida que nunca. Hoy sabes para dónde vas. Lo que necesitas. Lo que quieres.

Te encuentras con que, un día, despiertas y ahora quieres saber cómo se vive despejado y despojado de todo lo que no te pertenece.

Aprendiste a decir «no, gracias». Y también aprendiste a decir «sí, quiero».

Naciste otra vez. Dejaste de ser tu viaje para convertirte en tu destino.

De vuelta no. Más de ida que nunca. No creas, como la oruga, que se acerca el final. No te olvides de que esa oruga, después de un tiempo, se transformó en mariposa.

Sí, como tú. Porque a ti tampoco se te acercaba el final. Al contrario. Se te acercaba un nuevo nacimiento. Y sin darte cuenta, y como quien no busca la cosa, te llegó el día de mirarte al espejo y ver una tremenda y hermosa mariposa.

Fíjate. Mira bien.

Abre las alas. Eres tú.

Sí. Eres tú. Dale.

Vuela.

Quédate

Hay heridas que no se interpretan. No se preguntan porque poco importa la respuesta. Hay dolores que solo necesitan ser acompañados. No analizados. No juzgados. No desmenuzados. Fisuras que, por momentos, ni siquiera piden ver su propia luz. No tienen fuerza para eso. Tan solo necesitan alimentarse de la que parpadea a su lado. Porque sí. Porque, por momentos, uno necesita vivir con esa piedra que tiene el zapato. Y en esos casos, está en su derecho. Tiene la potestad de asumir que está lastimado y que todavía tiene que dejar salir la sangre que haga falta. Que le queda. Y el otro, entonces, acompañará con un café, una manta y una caricia. Y también, y si es necesario, le pondrá las medias para que no tenga frío a la noche. Ese otro será la luz que necesita sentir, pero que todavía no puede ver.

Déjalo caminar lo que le toca. No le tapes el dolor. No le marques el camino. No le impidas la necesidad de estar consigo mismo. Se necesita. Y se está buscando. Se está sanando. Y lo está haciendo a su tiempo y a su modo. No te asustes.

Quédate.

Mientras tanto, sé luz. No le exijas que la busque en medio del pozo. Lo está haciendo como puede. Como le sale. Como lo siente.

Sé luz, porque eso es lo que va a iluminarlo poco a poco.

Se agradece

Darte cuenta de lo que vales, un poco tarde, duele.

Duele porque recuerdas las veces que te acomodaste a menos, que diste sin recibir, que dejaste que cruzaran la línea del desamor, que aguantaste lo que nunca hubieras hecho, y así muchas miserias más que fuiste tragándote con la nariz tapada, como al tomar un remedio de esos con mal sabor.

Y sí, cómo no va a doler.

Pero cuando tienes el descubrimiento, en la mano, de quien eres, de lo que quieres, de lo que necesitas y de cómo quieres que te quieran, se terminó el final del cuento.

El sapo, en esta historia, te convierte en princesa.

Te demuestra, con lo poco que te dio, todo lo que le faltó para cubrir el bache entre lo que él pudo y lo que tú necesitabas.

Te puso, encima del pantano, la herida que te generó y te concedió, con su carencia, el espejo que te estabas olvidando de mirar. Si te dolió es porque te diste cuenta de que tu amor no fue valorado por lo que es. Y que el coste que él le puso te hizo tanto ruido que terminó por romperte un corazón, ya casi deshilachado, para darte la posibilidad de construirte otra vez.

Darte cuenta tarde jode.

Pero la libertad que sientes cuando puedes mirar al príncipe y darte cuenta de que tiene olor a sapo equivale a saber que quien te estuvo dando no dio lo que valías, sino lo que un sapo puede dar.

Entonces, casi con felicidad, se le hace una reverencia. Se le dice gracias.

Te acicalas la cara un poco y asumes que el valor te lo aprendes a dar tú después de pasar por estos finales que te muestran que, si te hace mal, es porque quieres que te quieran mejor.

Sí. Mejor.

Y ese descubrimiento no caduca. Nunca más.

Mi espejo

Me dices siempre que estás bien, pero no me tranquiliza.

A veces creo ver, en tu alma, heridas que aprendiste a reemplazar con otros corazones. Y me entristece. Me pone mal.

No quiero, acaso, ni nombrarlo, porque no quiero tocar la llaga que vienes tapando con tiritas para sobrevivir a tu dolor.

Pero yo te siento. En la distancia, en tus letras y en los abrazos que, cuando puedes, me das, pidiéndome a cambio y en silencio un poquito de los míos.

Nos une mucho más que un deseo hermoso. Que un recreo en los golpes del destino.

Que la complicidad de saber que nos estamos curando el cuerpo en cada encuentro.

Yo te siento mi espejo también.

Sé que no todo lo que tienes lo estás eligiendo libremente.

Sé que gran parte de eso viene a lamerte las cicatrices, a acompañarte en un agujero que nunca va a sanar.

Pero me callo y sigo. En esta suerte de aventura donde limito mis latidos para que no se me ocurra extrañarte y que después me duela sin consuelo ni sentido.

Tu sonrisa hermosa me despista.

Tu manera tan pasional de llevarte la vida puesta me confunde. Pero a veces no te creo.

Y te siento.

Te siento aguantando. Apoyándote en un hombro que te

hace olvidar del que te falta y que le da un poco de respiro a ese adiós que te tocó soportar.

Te quiero más que la cuenta que tenemos que pagar porque te sé roto y fracturado, y me conmueve tu lucha. Tu mirada. Tu boca.

Tu amor tan simple, tan desvergonzado, quizá en esta vuelta de la vida no me toque de regreso. Pero no quiero dejar de experimentarlo.

Hay amantes que solo ponen lo que pide el cuerpo.

Pero hay otros que además abren el pecho sin darse cuenta y resulta imposible no querer acariciar.

Quizá tan solo seas mi pasado vuelto espejo y quizá yo sea tu futuro, el destino de los pasos que te toque caminar.

Me veo en ti, hacia donde yo iba caminando hace un par de años atrás.

Te veo en mí, hacia donde sé que vas a venir tú en un par de años más.

Ojalá me equivoque.

Ojalá el final de mi cuento no sea el tuyo. O quizá sí.

Y puedas aprender de mi fracaso en caminar hacia la verdad.

Ironía

Me dices que no me preocupe. Que todo lo malo vuelve. Como si darle de comer al rencor aflojara el daño que me causó.

A quién le importa saber que algún día alguien lo va a lastimar como él hizo conmigo.

No tengo sed de venganza. No aplaudo tristezas ajenas.

No se me pasa la decepción porque al otro también le pase.

No espero sentada en ninguna puerta para ver cómo pasa el cadáver de mi peor enemigo.

Qué teoría estúpida y mentirosa, por favor. Consuelo de tontos que se pegan dos veces en dos lugares distintos.

Ninguna herida se sana viendo cómo sangra el otro. Y aunque mágicamente así fuera, prefiero atragantarme con estas lágrimas y no intoxicarme con mi propio veneno.

Imagínate la ironía del suceso...

Hazlo con ruido

Si me vas a dejar, solamente te pido que lo hagas sin dudas. Que explotes contra el asfalto todas mis esperanzas de una vuelta. Que no te guardes ni un pedazo de verdad que me sirva como rama para colgarme de ilusiones que solo hamaquen mi tristeza.

Déjame con ruido. A portazos y clausurando las ventanas de todos los edificios del mundo.

No me dejes ni una sola llave a mano que me tenga buscando por meses qué cajón abre.

Déjame con certeza. Con fuerza y con la seguridad de que todo futuro a mi lado está muerto de antemano.

Déjame con entereza y sin miedo. Sin temblar. Sin «peros» ni «quizá» encima de la mesa.

Déjame sin preguntas. Vacíame de expectativas con respuestas. Te pido la verdad cruda y fiel acerca de tu sentimiento gastado, latiendo en un pecho que ya no es mío.

Si me vas a dejar, no me decores con música de fondo ni hagas poesía de letras ya sin vida.

Déjame como me merezco y ya está, por favor. Libre de ti. Libre de nosotros. Libre de mí misma.

Si me vas a dejar, no me encierres en jaulas de posibilidades que no existen. No me ates a las patas de la nada. No me unas con hilos de promesas que me pausen el camino.

Por favor te estoy pidiendo.

Si me vas a dejar, déjame libre.

Tranquilo

No sé qué te pasa.

¿De verdad puedes confiar en que mi presencia será eterna en medio de un universo que te demuestra, a cada minuto, que nada ni nadie lo es?

¿En serio que apuestas todas las fichas a una paciencia inagotable que suponen que tengo y que realmente no tengo? ¿Cómo se te ocurre creer que tengo tiempo para que tú decidas querer cambiar tus errores cuando todos los días lucho contra la permanencia de los míos?

No sé qué te pasa por la cabeza, pero admiro la convicción con la que depositas en mí un amor inquebrantable, a prueba de las balas que no te cansas de disparar

Tranquilo.

Tranquilo, que me duele.

Para un poco con esa impunidad que te habilita a ir y venir como si yo fuera el monumento a la disponibilidad incondicional, que te hace pensar que soy tu geisha, dedicada a abanicar tus inseguridades para ver si se te enfrían un poco.

Tranquilo.

Tranquilo, que hace rato empecé a escuchar lo que haces y no lo que dices, y se me pusieron las dudas de punta en la cabeza. No sé de dónde sacaste ese marco teórico que te hace creer que los hilos los manejas tú. No seas bobo, ¿quieres?

Los hilos no los maneja nadie.

Ni tú, ni yo, ni nadie.

Tranquilo, tengo tantas caídas encima que una más no me cambia la piel. Ni el destino. Ni la vida.

No estés tan seguro. No tengas tanta certeza.

Que me esté aguantando esta historia plagada de ansiedad no quiere decir que me vaya a quedar. A veces, y solo a veces, uno necesita tiempo para retirarse no porque no lo haya decidido, sino porque prefiere esperar.

Así que, tranquilo. Fíjate en lo que haces.

No me falta decisión. Me falta animarme a saltar. Tiempo.

Me falta darme tiempo.

Será

¿Será que las expectativas de que esto funcione tienen que ver más con mi propio vacío que contigo?

¿Será por eso que duelo y que aguanto lo poco que das para no verle la cara a mi tristeza?

¿Será que me duele más la carencia que me acompaña desde que respiro que la que, de vez en cuando y como un disparo, te apunto a ti?

Si te corro, me quedo conmigo. Será por eso que no me voy.

Infancia no es destino

Te aferras a relaciones dolorosas porque salir de ahí implica algo peor.

Tu corazón sabe lo que es el vacío.

Antes que vivir eso, prefieres abrazarte a cualquier cosa que, al menos por un rato, te dé la ilusión de que ese agujero se puede llenar.

Digo «ilusión» porque, para encajar esa pieza en el rompecabezas de tu vida, dibujas la realidad para que se parezca un poco a lo que necesitas.

Digo «ilusión» porque no va a suceder.

Digo «ilusión» porque es una anestesia transitoria y los pinchazos duelen cada vez más.

Hay vacíos que se atraviesan de forma insoportable porque la soledad que ahí se palpa no es de las buenas.

Es esa soledad que se inscribe como desamor.

Es esa soledad que nuestra historia infantil no supo abrigar. Ese es el vacío que duele.

El que quieres evitar.

El que prefieres llenar con basura antes de sentir el peso de la nada.

Saber que ese vínculo te hace mal no te basta para irte, porque el reencuentro contigo es el reencuentro con esa niña herida.

Quedarte con esa parte tuya, te duele más. Entonces...

Tendrás que abrazarte a ti misma como no pudieron hacerlo.

Tendrás que hacer el listado de las cosas que te hacen bien y empezar a cumplirlas.

Tendrás que hacer de tu cuerpo tu casa. Tendrás que decorarla como te guste.

Tendrás que inflar ese corazón fisurado.

Tendrás que salir al mundo para alimentarte de lo que te faltó comer.

Tendrás que empezar de una forma distinta. Tendrás que cumplir sueños, metas, proyectos. Date lo que te faltó.

Lo que llene poco a poco tu vacío y cada vez tenga menos aire para respirar ausencia.

No basta con saber que esa historia te hace mal si volver a ti es un viaje triste.

No se trata de llenar ese vacío con cualquier cosa y de cualquier forma.

Se trata de elegir cómo vas a decorar tu cuarto abandonado para que te den ganas de volver ahí, aun si estás en soledad.

Saber no alcanza cuando quedarte a solas contigo resulta peor. Hace falta que estar contigo mismo te resulte una fiesta.

Infancia no es destino.

Y de eso te toca hacerte cargo a ti.

O vivos o muertos

Esperar también es una forma solapada de insistir.

De quedarse ahí, atorado a mitad del camino que ni de casualidad te empuja al horizonte con el que soñaste alguna vez.

Esperar que el deseo del otro te cabecee para sacarte a bailar es entregar lo más preciado que tienes: tu energía.

La espera debilita. No te hace protagonista ni dueño de tu historia. Te deja en pausa, a los pies de una cama, de un tiempo que no es el tuyo.

Uno muere mientras espera porque quiere dar pasos en falso por si el otro, de repente, se hace presente. Entonces queda ahí. Quieto. Mudo. Paralizado. Esperando...

Dales lugar a tu deseo, a tus ganas y a tu mundo. Saca tú a bailar al otro si es con ese con quien quieres intentar. Y si te dice que no, entonces acurrúcate un poco en tu autoestima para darle el calor que le quitó el pequeño pero gigante rechazo. Pero después de unos mimos, levántate y sigue. Sé fiel a lo que tú quieres. No será con él. Con ella. Con eso que deseabas. Con tu sueño no vivido. Pero será contigo.

Pero dale. Sal a buscar. No esperes nada.

No hay mucho tiempo. O no todo el que te imaginas.

Construir desde el dolor es la única forma de caminar en este mundo enorme que alberga nuestra vida chiquita. Muy chiquita.

Como dice una amiga mía: «O vivos o muertos». Las dos cosas no se puede.

Otra vez

La mayoría de las veces, uno se enluta a sí mismo a causa de las fisuras de la vida. Después los ves por ahí.

Amando otra vez. Acariciando otra vez. Deseando otra vez. Disfrutando otra vez.

De repente, la risa. Un amigo. El olor del césped. El vino. El fuego. Un baño caliente.

Ese tema sonando de fondo.

De a ratos, ese velo se corre y sonríes al verlos como niños descubrir el cielo. Las estrellas. El latido de su propio corazón.

Uno se enluta a sí mismo a causa de la vida.

Y la magia trae, a cada instante, las cosas que nos cicatrizan. Y todo vuelve a valer la pena.

Claro que sí.

Entonces, después, les pasa. Juro que se pasa.

Me ahogo

Me dices que guardemos nuestra historia en un baúl, así queda preservada. Impoluta. Santificada. ¿De qué me hablas? Yo no creo en baúles.

Los detesto. Todo lo que se guarda ahí dentro tiene olor a humedad. Tiene polvo. Es pasado.

Es apego.

Las historias no se encierran, se viven, siempre se viven. No se esconden. No seas infantil. Entiendo perfectamente que saber que me estás soltando es una responsabilidad muy grande. ¿Te piensas que yo ya no me fui, aun metiéndome ahí?

Me estás dejando. Me estás perdiendo. No te engañes. Sí. Me estás dejando. Lee bien.

Yo no nos quiero guardar en ningún lado y menos con un candado.

Me ahogo.

Dejemos la herida abierta. Perdón, perdón. Fue un fallo. Dejemos la historia abierta. Y que la vida y el deseo hagan lo que tengan que hacer.

Contigo haz lo que quieras. Presérvate como más te guste. Enciérrate en un ataúd. Pero a mí ni se te ocurra guardarme. No me toques.

Ponme una mano encima y de la única forma que me vas a ver es huyendo de ti.

Todos saben

Los tres sangrando por una misma herida que ninguno se atreve a tocar por miedo a que duela todavía más.

Mis noches sin ti.

Y también las tuyas sin ella. Y las suyas sin ti.

Tres pasos en pausa, esperando a que sea el otro quien avance primero y reviente una bomba que le resuelva y le pudra la vida al otro.

Tres bulímicos emocionales que no saben lo que comen y se atracan con panes de culpa y terror a la soledad, incapaces de soltar lo que les duele, porque estar a solas consigo mismos les resulta una penitencia imposible de cumplir.

Todos saben. Todos mienten. Todos callan.

Lloran en el baño. En el auto.

En la calle. Mientras hablan.

Mientras duermen en camas que no los dejan descansar en paz. Y van a seguir así.

Para siempre.

Tristes. Recordando. Con lágrimas detenidas en la garganta. Aunque no quieran.

Aunque se maten en vida.

Aunque sepan lo que tienen que hacer. Cobardes del amor.

Egoístas que creen que no se lo merecen.

Y entonces, sin saber qué hacer, tienen el poder impune de la víctima que, como no puede elegir, elige por todos.

Encima eso. Cobardes.

Que te quiera alguien

Ya es momento de irme.

Me veo esperando algún indicio que me diga que estás pensando en mí. Tachando los segundos. Los minutos. Las horas.

Miro el teléfono. El cielo y el fuego. Imagino.

Deseo.

Mi sonrisa depende de que te hagas presente en cualquier momento del día. De la noche.

De mi insomnio. Estoy ansiosa.

Tengo nervios en la panza.

Tengo ganas de verte. No se me van. Creo que están creciendo en cada nuevo encuentro fallido.

Y, de repente, dibujando historietas en el aire, una sola pregunta me borró el cuento.

Las expectativas. Los sueños. Todo es mentira.

¿Para qué?

¿Para qué todo esto?

¿Para qué abrir mi alma, darte mis verdades y pensarte al lado de mi almohada?

¿Para qué mi tiempo, mis energías, mis mariposas y mis miedos?

¿Para qué mis ganas, mis dudas y tu recuerdo?

No vamos a suceder y eso es lo único real. La única certeza que tenemos en este intento.

Nunca vamos a suceder.

¿Quién de los dos es capaz de decir que no lo sabe? Yo también tengo otra vida.

Y además no estoy segura de que estés buscando que sea yo quien te quiera o que te quiera alguien.

Otra. Cualquiera.

¿Para qué entonces?

¿Para qué?

Perdóname si parezco estúpida y tengo un corazón de nena en el cuerpo de una mujer.

No llegué a explicarte que estoy golpeada. Que todavía no cerré ninguna herida.

Que acá estoy, sangrando. Rota.

Se me hizo tarde muy temprano. Perdóname. De verdad.

Ya me tengo que ir. Espero que me entiendas.

Te estoy empezando a extrañar.

Y yo tampoco sé si estoy buscando que me quieras tú o que me quiera alguien.

Otro. Cualquiera.

No te asustes si me voy

No te asustes si me voy.

Necesito que entiendas que eres la estrella que va a guiar tus propios pasos.

Tu latido.

Que mi espada quedará clavada, aun cuando la arranques, para dejar la marca de mi historia sobre la tuya. Ya no estaré a tu lado para besar los triunfos ni tampoco las heridas. Es cierto.

La casa se hará un poco más grande. O más chica. O también las dos cosas. Eso lo verás con el paso del tiempo.

Te va a costar un poco más despertar sin mi mirada y entonces todo va a parecerte más pesado. Una rutina que te arrastra sin pedir permiso.

El mundo estará cambiado, ya lo sé. Y está bien que así lo entiendas.

Porque necesito dejarte dicho que es absurda la idea de lo inalterable cuando alguien parte de nuestra vida hacia otro destino.

No tengas miedo de olvidar mi voz. Mi perfume.

El sonido de mi risa.

No te culpes si cada vez las visitas hacia el pasado son más largas. Más distantes.

Yo entiendo el sentido de cada duelo. Y te libero de la prisión de la angustia a condición de que seas tú quien acepte mi partida como un nuevo nacimiento.

Viviré en todo lo que ya no pueda estar. Pero viviré ahí.

Por siempre. Para siempre.

En las huellas que marcaron tus pisadas.

En el legado que mi vida pueda dejarte de manera inevitable. En el silencio. En la nada. Y cada vez que respires hondo, mirando hacia dentro, mi vacío se transformará en sal hirviendo en tus fisuras aún abiertas.

No te apures en curarte. Date tiempo.

No te acobardes cuando dejes de verme. Siénteme.

Como aprendimos a hacerlo juntos. Y, acaso, también, cada uno en su mundo.

Separados.

No te asustes si me voy.

Quien ama de verdad permanece como la tierra en el suelo.

De manera inevitable. Indestructible.

Y así seremos, mi amor.

Aunque ya no sea yo quien responda tu llamada, y tus manos se apoyen en otros hombros, siempre nuestro amor será eterno, a pesar de que me vaya y tú, de vez en cuando, te des el permiso de olvidarme.

Renuncio

Una vez que cierro los ojos sin pretender dormir, sé que voy a asistir a una nueva revolución interior.

Esta vez, la palabra «renuncia» se hizo presente.

¿A qué estoy dispuesta a renunciar para ir caminando a favor del cumplimiento de mis sueños? Sé perfectamente que, para que las cosas sucedan, además de desearlas un montón, tengo que actuar en esa dirección. Y muchas veces me veo quieta. Bastante calmadita. Como si todo lo que digo querer fuera solo un discurso que repito como un loro y nada más.

Horas del día no invertidas. Energía depositada y consumida en cuestiones que no me acercan a ningún lado más que al sillón. Creencias limitantes que atentan contra lo que quiero vivir. Relaciones que no se profundizan y se mantienen a un nivel de entusiasmo cero, pero que forman parte de la dieta del miedo a soltar.

¿A qué estoy dispuesta a renunciar a partir de ahora, con el corazón en la mano y con mi respiración como testigo? ¿Qué voy a hacer en el momento en que me ponga frente a la cara que cambiar empieza con un pequeño y minúsculo paso? ¿A quién voy a decirle gracias y adiós, pero necesito seguir?

¿Qué pozo es el que me está estancando? Y me comprometo ya, sí, ya, a dinamitarlo, asumiendo que, cada vez que no puedo saltarlo, me frustro hasta lastimar mi autoestima.

Tengo un par de años encima.

Ya usé varios cuadernos como borrador.

El corazón me late fuerte cada vez que me veo viviendo la vida que quiero vivir. Y juro por Dios que no tiene nada de complicada. Nada.

Solamente necesito revolotear por la ventana todas las horas muertas que sé perfectamente que no van a resucitar.

En el combo también irías tú. Me cuesta. Claro que me cuesta.

Porque a veces uno se pregunta en qué lo limita la existencia del otro para que sea tan importante lograr tal desconexión. ¿Y sabes qué? Me dueles.

No es momento de profundizar en eso ahora. Pero cada tanto me dueles.

Y nadie con la tristeza a cuestas puede seguir al cien por cien el viaje de su vida.

No pretendo la inmunidad del no dolor. Ya sé que a todos nos toca. Dímelo a mí.

Pero sostener lo insostenible y, para colmo, convertirlo en las piedras de mi propio camino ya es otra cosa muy distinta.

Sé lo que quiero. Terriblemente lo sé. Entonces...

Renuncio a todo lo que me estanque. Renuncio al miedo.

A todos mis «no puedo». A todas mis excusas.

A la cama. A la pereza.

A esas horas al teléfono o enfrente de un televisor. Renuncio a los momentos de víctima de mi propia historia. Y sí. Claro. Renuncio a ti.

Peligroso

No hay nada más sencillo que herir a quien avisa que no quiere ser herido. Es en ese hueco de vulnerabilidad afectiva donde el otro encuentra el espacio para entrar y hacer con uno lo que se le antoje.

Es que todos necesitamos tirar la basura en algún lado que ya esté podrido.

Y ahí estás tú, ofreciendo, sin darte cuenta, tu rincón más sagrado, donde el otro puede dejar la peor parte de sus pertenencias. Ese cuento hermoso de dar sin mirar a quién me resulta peligroso.

Bastante peligroso.

Hasta mañana a la mañana

Dudo de ti. Y no me gusta un pelo. El beneficio de la duda no me apacigua el dolor que siento en la panza cada vez que vuelvo a creer que caí en tu trampa.

En un primer momento, todo parece encantador. Muy parecido a lo que sueño. A lo que perfectamente sabes que necesito. Entonces los hilos se te acomodan mágicamente y todo parece un cuento vuelto realidad.

Fuiste el hombre de mi vida. Me hiciste feliz. Hasta mañana a la mañana.

Que repaso todo y me doy cuenta de que nada fue gratis. Te llevaste varias cosas, pero quizá y lo más evidente fue que te llevaste lo que buscabas. No voy a detenerme a darle un nombre a cada beneficio que metiste en la bolsa, porque me da un poco de vergüenza ajena reconocer que tengas que disfrazarte de lo que busco para encontrar lo que te falta.

Si me siento y hago una lista de todas las situaciones en donde tu palabra no tuvo valor ni certeza, te tengo que borrar de la agenda en medio segundo. Darme la mano contra la frente, morderme los labios y repetir que no con la cabeza, como si acabase de descubrir que no puedo ser tan idiota como para creer más en tu inocencia que en mi intuición.

¿Cuántas veces más voy a dejarte repetir y quedarme quietita sin chistar ni soplar? ¿Cuántas veces más voy a fingir que no sé dónde te escondes?

Ya sé. Hasta el día que me pudra.

Hasta que mire cuánta gente lo pasa bomba sin mentir ni robar.

Y la verdad es que me estoy pudriendo porque, de repente, estoy sintiendo unas ganas locas de pegarle una trompada al paredón gritando: «¡Pica!». Sí.

Pica. Te vi, boludo. Te vi. Siempre te vi.

Siempre dudé. Siempre lo supe.

¿Sabes que me parece que no quiero jugar más? No te quiero mentir. Lo vengo pensando hace un tiempo. De vez en cuando lo pasaba tan bien... Pero ¿sabes todo lo que valgo, tengo y soy como para conformarme con un par de veces?

Imagino que no lo sabes.

Hasta ahora. Hasta dentro de un rato cuando se te termine el chiste.

Cuando te pique el hambre de lo que necesitas y no encuentres pared donde esconderte de ti mismo.

Ahí te vas a dar cuenta de con quién estabas jugando. Y qué tarde se te hizo...

Muy tarde.

Estabas pasado de vivo. Y yo, de tarada.

No juego más.

No, no me basta

Nunca te basta nada, me dijiste la otra vez. Y me acuerdo de que alguien más me lo dijo antes.

Y a decir verdad, varias veces. Distintos nombres. Distintas bocas. Distintos cuerpos también lo dijeron.

Nada te bastaba a ti... Era el *tackle* final de cada conversación.

Después de esa acusación, me declaré vencida.

Esa sentencia me llevó al silencio como respuesta. Siempre igual. Muda. Quieta. Paralizada.

Por dentro lloraba. Pero por fuera dudaba.

Y la duda es traicionera porque, como no confía, le entrega la verdad al otro que tiene más potencia en el enojo. En la voz. En la mirada. Y encima el agotamiento de un reclamo que no puede satisfacer te hace creer que por tu culpa puede irse en cualquier momento.

Años después, frente a mi propio espejo, frente a mis propias heridas, frente a mi vida entera, puedo contestar tranquila.

Segura.

Tragándome las dudas una por una. La vergüenza del herido.

Del abandonado. Del inseguro.

Del que se rompió una vez en una caída y quedó temeroso. Del que, todavía, estaba en el camino del propio encuentro.

Del que no lograba ponerle palabras al dolor. Y un día se paró y vio que podía.

Que podía darse a sí mismo lo que necesitaba.

Que supo, perfectamente, dónde quería apoyar la cabeza cada vez que se fuera a la cama.

Que el miedo explotó de cansancio y se transformó en coraje. Pero sí. Cierra la puerta y vete.

Vete si quieres. Vete si no puedes. Si no tienes.

Si no quieres. Si te cuesta. Si no me ves.

Si no sabes qué ni cómo. Vete. Pronto. Bien pronto.

Y déjame hablar a mí por las tantas veces que me comí mi propio silencio.

No. No me basta.

Si todo lo que vas a hacer, ser y decir no va a cuidarme el alma, no me basta.

Vete, ¿quieres? Vete por ti y por todos los que no pudieron.

O quédate. Pero no de cualquier forma. Quédate solo si eres capaz de cuidarme el alma. Todo lo demás no lo quiero. No me sirve.

Tenían razón.

No, no me basta.

Volvamos

A esta altura de mi afecto, estos tiempos no me bastan. No me dan mucho. No los quiero.

Para ser sincera con tu tiempo y, sobre todo, con el mío, quiero dejarte bien claro que apunto más adentro. Profundo. Real.

No me basta con verte sonriendo en una foto si no puedo escucharte contar de qué te reías.

Tus mensajes escritos, llenos de silencios que suplantan las palabras, no me suponen haber tenido un encuentro contigo.

Para nada. Lejos de eso, siento que nos evaporamos.

Tampoco identifico un dedo levantado con la idea de que te importo bastante y que por eso me lo haces saber. Eso no es tiempo para mí.

Eso es quererme de reojo. Con prisas.

No tengo ganas de descifrar qué sientes escuchando un audio de veinte segundos, porque nos indica que vamos subiendo de escalón en esta relación tan prometedora.

No te creo tus selfis.

Tu falta de tiempo.

Tus maneras de demostrarme que estuviste pensando en mí mientras hacías las compras del supermercado.

Volvamos atrás.

Empecemos como lo hacíamos antes. Llámame. Te llamo. Vente.

Quiero mirarte. Escucharte. Sentirte.

Ponerte una mano en el hombro. Decirte, mientras brindamos con un mate, que está bien que hayas venido.

Que lo estoy pasando bien a tu lado.

Que hace tiempo no conectaba así con nadie. Regalémonos un poco de tiempo. Vida.

No tengo ganas de imaginarte. Quiero tenerte enfrente. Cada vez que me acuerdo de ti, estamos en algún lado, juntos. No tengo mucho registro de cuántos *likes* te importa mi vida.

Ni tampoco sé cuántos te puse yo para demostrarte lo que eres en la mía.

Prefiero que me toques el timbre y me mires a la cara y podamos sentirnos.

Las fotos mienten.

¿Cómo carajo me saco una foto mostrando que me haces falta, que te necesito, que te extraño?

Volvamos el tiempo a esas mariposas que existían cuando éramos chicos.

Necesito que me digas que estás viniendo... Que me preguntes qué hacemos esta noche. Que me suene el teléfono y no saber si eres tú. Mariposas.

Adrenalina. Tu olor.

Dale. Ya sabes cómo soy yo. La manta, el termo, el río. Dale, llámame.

Vente. Voy yo.

No me pongas un corazón. Dime que me quieres.

Volvamos. Que, en definitiva, todo esto siempre termina en nada.

Tienen razón

Con tanta agua que estás haciendo por todos lados, hay otro que está provocándome un huracán.

No voy a detenerme a pensar si esto tiene algo de futuro, porque basta la hermosura de presente que estoy sintiendo para negociar las expectativas. Las negocio. Te las regalo. Y, así y todo, gano yo.

No me importa lo que vaya a suceder, que ya me esté sucediendo es un logro que me alcanza para saber que puedo salir de ti.

Dicen que las heridas son lugares por donde también puede penetrar el sol.

Y tienen razón. Sí que tienen razón.

A veces, hay que animarse a sacarles las vendas y dejar que les dé un poco de aire.

Deja de mirarte un poco y mírame. Mira cómo va brillando de a poco. Se está secando.

Mírame bien.

Me estoy secando yo también. Se está sanando.

Estoy sanando.

El lujo de esperar

Nada nos cuesta querer mejor a las personas que más nos importan en el mundo.

Sin embargo, uno cuenta con la complicidad del tiempo y se da el lujo de esperar.

De posponer. De postergar.

Soberbia de uno, que todavía no asume su sometimiento a las agujas de un reloj que no controla.

Mañana puede ser tarde. Ahora. En unos minutos.

Uno tiene buena voluntad. No quiere dosificarlo a propósito. Da de a ratos, porque siempre piensa que después es mejor. Que en un rato, quizá. Que mañana será otro día.

Está apurado. En otra cosa. Distraído.

Y así se queda con abrazos puestos. Palabras en la punta de la lengua.

Miradas profundas. Fantasías incumplidas. Mimos en el ropero. Rencores por sanar. Con manos por sostener. Historias que escuchar. Un vino por tomar.

Uno se cree poderoso. Y no se da cuenta de que pelea a cada segundo contra la fuerza del viento. Entonces, se da permisos para querer en cuotas. Para no ser generoso. Para no dar lo que sabe que el otro está esperando. Para patear el amor hasta dentro de un rato.

Uno nunca considera que la pelea no es limpia. Que no hay reglas ni normas.

No, señor.

El tiempo es traicionero.

Y cuando te agarra, siempre lo hace de espaldas. Ama hoy.

Que no hay deuda más espantosa que quedarse con el amor atravesado en la garganta.

Me hago amor

Me hago amor en cada travesía de mi cuerpo hasta tu herida. Y si tan solo te siento sanar a través de mi mirada, de mi palabra, de mi caricia, entonces ese amor me vuelve multiplicado como propina no esperada.

Un regalo que no salí a comprar. Sin embargo, una vez que se siente el sabor de transformarse en lo que uno da, se vuelve vicio. Se vuelve necesidad.

Un beso que te cura me salva.

Un abrazo que te protege me cuida. Por eso me hago amor cuando te amo. Me hago carencia cada vez que te pido.

Me hago rencor cada vez que no perdono. Me hago dolor cada vez que te lastimo.

Me hago esclava cada vez que espero que me salven.

Me hago enorme cada vez que salgo de mi mundo y formo parte del tuyo.

Siempre uno se convierte en aquello que siente. En eso que da. Y yo sé quién quiero ser.

A veces duele la patada que te da el mundo en medio de la cara, pero justamente por eso yo prefiero amar.

Y me corro. Y me abro. Y me voy. Y vuelvo a mí.

Y me hago sorda. Ciega. Muda. Ante una mierda que no quiero consumir.

Renuncio.

Suelto. Me cubro.

Me pongo una manta. No lucho.

Me voy.

Me hago amor cuando amo. Y estoy en paz.

Entonces basta

El mundo exterior del otro tan solo refleja una fracción, una parte chiquita de su mundo interior. Y a veces uno presiona donde más duele porque no lo sabe. Porque pudo verlo pero no mirarlo. Entonces lastima donde todavía no está sanado. Y rasca donde todavía pica.

Hay que frenar y mirar.

Mirar la mirada. Mirar cómo camina. Mirar más allá de lo que se ve. Mirar con amor.

Mucha gente necesita aislarse porque siente su vulnerabilidad como una desventaja frente a la furia del otro mundo. Frente a la indiferencia del otro.

Frente a su no conexión.

Y no puede ser así. No se puede estar así. No podemos ser así.

El aislamiento es parte del viaje de la vida. No un lugar donde quedarse a vivir.

Miremos a los ojos.

Miremos las sonrisas que se apagaron. Miremos los otros mundos.

Miremos al frente y no para abajo.

Y seamos puentes. No un pozo más en el dolor del otro.

Nunca nadie sabe en qué parte del barro está ese otro caminando.

Entonces basta. Seamos puentes.

Mis doce

Ni bien bajé las escaleras, fui derecho a la mesa del living. En mi mesa entran solo seis personas, pero, haciendo un poco de espacio, el número se multiplica y tranquilas entran unas doce.

Ya sabía lo que quería hacer, porque desde ayer lo venía pensando. Y ahí fui. Me di el permiso de cerrar los ojos, de dejar la cabeza en un cubo de basura y de recorrer cada asiento, tanteando las sillas y sintiendo, a puro latido, quiénes eran las personas que iban a entrar en esa mesa, en mi vida.

No me condicionó si estaban vivas o muertas.

Si estaban enojadas conmigo o si me unía la sangre, el corazón o la historia.

A la verdad le dan lo mismo esos detalles y yo quería ser bien cierta.

Primero, supongo que me guio la intensidad del amor, me fui a los extremos. A las cabeceras.

A ojos cerrados y un poco pegoteados por las lágrimas, tanteé las sillas y los nombré.

Abrí los ojos y los vi. Cada uno dijo la frase que lo identifica.

Su gesto. Su mirada. Su voz.

Los vi. Y seguí.

Silla por silla. Latido por latido.

Nombre por nombre.

Amor por amor.

Ahí estaban ellos. Todos. Las doce personas más importantes de mi vida. De mi corazón. De mi baúl de cosas importantes. Imprescindibles.

¿A cuántos de ellos les doy el tiempo que mi corazón me marca? ¿A cuántos de ellos les demuestro, les digo, les regalo mis abrazos, les cuento mis dolores, les doy el lugar que recién les acabo de dar?

¿Hace cuánto no vienen a ocupar sus lugares?

¿Saben ellos que son mis seres más importantes? ¿Se lo dije? ¿Lo sienten?

Hoy tengo doce tareas que hacer.

Y mañana también. Y el resto de mis días.

Voy a empezar por buscar una vela, una foto de papá y otra de mi abuelo, que ya no están, y voy a empezar con ellos mi misión. Quiero contarles todo. Todo. Pero fundamentalmente quiero decirles lo que no les dije alguna vez. Yo todavía estoy. Yo todavía puedo. Tengo los recuerdos intactos, no necesito ir a buscar nada a ningún rincón. Empiezo por ellos. El tiempo que necesite. El tiempo que se merecen. El tiempo que no les di. El tiempo que no valoré. No importa. No pienso culparme. Voy a hacerme cargo y responsable, porque así puedo empezar a llenar las sillas con todos ellos.

Y sí. Claro que tendré que levantar a algunos que estaban mal ocupando espacios.

Arriba y afuera. Empezamos otra vez.

Perdón por la maniobra. Pero no tengo muchas más ganas de mezclar mis prioridades.

Todo fue una confusión.

Lo que no hice antes lo puedo hacer ahora. Y hoy es un buen día para empezar.

Ayer

Ayer me dolió el mundo desde que me levanté hasta que te vi. Te pedí que vinieras. Que no dijeras nada. No necesitaba ninguna palabra que se interpusiera en mi sentir.

Tu mano en mi pecho, tus ojos cerrados escuchando mi respiración y tu murmullo en el oído diciéndome que no querías que estuviera mal sellaron mi dolor. Se comieron mis heridas y ahí, donde hubo sal ardiendo en medio de una llaga, apareció, por un instante, piel nueva. Sangre restaurada.

Hay palabras que curan.

Hay abrazos que salvan. Quizá tan solo por una noche. Y está bien que así sea cuando es esa noche la que tiene que sanar.

Yo te llamé.

Solamente lloré y te dije que estaba mal. Abrí la puerta y no hizo falta más nada.

El amor rescata. El amor de quien te quiere rescata. Llama. Pide. Di. Llora.

Y si estás del otro lado, anda.

Siempre, siempre. La vida te pone de los dos lados. No solo se trata de elegir.

Se trata de saber a quién vas a elegir para que esté del otro lado de la puerta.

Ya pasó

Por si acaso cabe alguna duda, quiero decirte que el amor que seduce no es el que enloquece. Eso no es amor.

Es cierto que, cuando uno es pibe, le gusta meter los pies en el barro y salir un poco enguarrado. Jugar al escondite. Al gato y al ratón.

Pero ya pasó. Ya pasó.

Ya pasó ese tiempo donde uno tenía tiempo de esperar que sonara el teléfono. De ovacionar cada vez que tu brazo, disimuladamente, rozaba el mío. De buscarte. De esconderme. De insistir como si se tratara de un capricho que no se calma hasta sacarme las dudas o, en casos mayores, las ganas.

Ya pasó, querido. Ya pasó.

Uno crece y le crecen las ganas. Los deseos. Las ilusiones y los sueños. Ya no se conforma con unas cosquillas en el cuerpo una vez que aprendió que hay gente que te hace bailar el alma.

Ya no está bueno cuando algo está complicado, difícil y hasta poco claro, porque uno viene cansado de luchar la vida como para, encima, batallar el amor.

Ya pasó. Date cuenta de que no somos más pibes. De que no hay nada mejor que te digan lo que sienten y lo que quieren con los ojos clavados en la cara. En toda la cara.

Háblame de lo que siento cuando te siento. Valórame. Apóyame en mis locuras y tráeme de sorpresa un beso en medio de la calle.

Sueña conmigo lo que quieras. Escúchame. Cuéntame del todo y la nada. Así, sin prejuicios.

Cúrame. Déjate curar.

A veces es confuso. Porque dejar el deseo insatisfecho para que el otro salga a buscarlo como un perro muerto de hambre dura poco. Y claro. Dura lo que dura conseguirlo.

No te confundas.

Si ves que me desespera tu ausencia, no creas que tienes certificado de amor firmado hasta la muerte. No es amor.

Es mi ego herido.

Y una vez que come, tiene combustible para mucho viaje. Hazlo bien.

Dalo todo. Hazlo bien.

No tienes mucho tiempo. No el que tú piensas.

Porque mientras tú estás midiendo lo que te conviene gastar para comprar sin derrochar, viene otro, con esa certeza admirable, con la espalda enorme de ganas de cuidar y dar, y, de repente, la pone toda encima de la mesa.

Y sí, la piba se te va. Un día, se va.

Chau, ma

No terminé de agotar el afecto que tenía para darte y se me hizo tarde. No sé cuándo, pero creciste. Me arrepiento de las veces que te dije que ya eras grande para dormir conmigo. Ahora te ando buscando para pedirte que vuelvas una vez más.

Y no.

Me dices que no. No entiendes de qué me quejo. Que ahora tengo lo que quería.

Me saludas con la mano levantada, «chau, ma», y te vas a tu cuarto.

Y yo me quedo huérfana de ti.

Mirando por la cerradura para no invadir tu privacidad. Y, sin embargo, no sé de qué privacidad me hablas a tus pocos años. Que si pienso un solo segundo te veo intacto, a upa mío, como si tan solo tocándome el pelo estuvieras a salvo. No necesito más que un instante para recordarte que ayer entrabas conmigo al colegio, de la mano, y ahora no me acuerdo cuándo ni qué pasó para que marques la distancia de mi derecho a verte caminar.

Y entiendo las visitas de mi papá, en la punta de la cama, preguntándome qué me pasa que ya no le hablo más.

«No pasa nada, pa. En serio». Y te veo en mí.

Y me veo en ti.

Y me hago herida en tu indiferencia.

Y me hago chiquita cuando te sientes demasiado grande para dejar que te mire con la devoción de quien mira algo que no ha visto en toda su vida.

Jamás.

Y sigo huérfana de ti.

Y a veces duele lo que antes era queja y ahora tiene el peso de la falta.

Ya no tengo muchos lugares a donde llevarte. Ya no tengo plazas que pisar. No hay más baldecitos, ni palas ni castillos. Se acabaron las canciones, los peloteros, las jugueterías.

Ya casi no hay mucho ruido en casa. No sabes qué tristeza te da eso. Es el preludio de tu partida. No importa cuánto falte. Pero ahora sé que va a suceder.

Entonces, sigo extrañándote mientras te miro. Y claro que te lo digo. Y te sigo mirando mientras te propongo un tiempo juntos que ni siquiera tardas en contestar:

«Tranquila, ma». «No pasa nada».

«Estoy grande. Nada más». Pero no me basta.

Trato, pero no me basta.

Regreso a casa

Y acaso mi soledad, como el único acto de libertad absoluta. Mi lugar de retirada.

De huida.

De verdadero encuentro. Mi mar adentro.

Mi ruido. Mi silencio.

Donde vale todo, porque es justo ahí, donde nadie me juzga.

¿Cómo pensar que alguien puede temer mirarse las costillas?

Ahí, donde el dolor por todas las muertes se junta con todo posible nacimiento.

Mi soledad.

Mi respiración vuelta suspiro. Mi paz.

Mi lugar en el mundo. Mi templo.

Mi regreso a casa. Siempre.

Todos menos tú

Lo ve mamá. Lo ve papá.

Lo ven tus amigos de siempre, que por algo son los de siempre. Lo ve la gente que te quiere, simplemente porque te quiere. Lo ven todos.

Todos menos tú.

Entonces sigues intentando que funcione. Tratas de convencerte de que lo que dicen no es lo que tú sientes.

Que lo que dicen es porque tienen celos, envidia, que exageran, que no lo conocen como tú.

Hasta que un día, lo inevitable se te impone de frente. Algo te huele mal.

Dudas.

Empiezas a mirar de reojo las cosas que hace y dice. Te preguntas todo otra vez.

Haces un recorrido histórico y todo lo que te cerraba se vuelve a abrir y aparece la verdad por la puerta de entrada. Por la de salida. Por todas las ventanas. Por la rejilla del baño.

En recuerdos, pensamientos e imágenes.

La fuerza de la realidad explota la venda que tenías en los ojos. En un segundo entiendes todo.

En un segundo el cuento es otro.

Un solo segundo y armas el rompecabezas. No estabas ciega, ni sorda, ni muda.

Estabas herida. Y cuando uno está herido, necesita consuelo. Y con la herida abierta, cree en la magia, en la suerte, en el destino. Cree en Dios, en el universo, en el cielo y las estrellas.

Cree en lo que necesita que suceda para mitigar y hacerle compañía al dolor de la pérdida. Y para evitar la soledad en ese estado de vulnerabilidad, se engaña.

Y se miente. Y fantasea. Y alucina.

Y justifica. Y perdona.

Y lleva el agua para su fuente.

Pero cuando sin buscarlo se da cuenta de todo, hay un solo sentimiento que le toca el pecho. Ese sentimiento es el que revela la duda.

No sientes angustia. No sientes arrepentimiento. No sientes asombro. No sientes bronca. No sientes lástima. No. Nada de eso.

Sientes rechazo.

Y de ese lugar no se vuelve nunca más, ni siquiera haciendo fuerza.

El rechazo marca el punto final de una relación de mierda. Toca la campana.

Llegaste. Te felicito.

Pido pétalos sueltos

Tú, a mí, no me rompes más. Ni tú ni nadie. Al fin y al cabo, nadie hace lo que uno no permite que le hagan. Y yo me pudrí de dejarme clavar espinas. A partir de ahora, pido pétalos sueltos. A la primera mirada, uno ya sabe el final infeliz del cuento.

Y, sin embargo, sigue porque se agarra de una promesa que nadie le hizo, pero que necesita inventar para justificar la espera de algo que nunca va a suceder.

Se terminó esto de sostener un deseo que no va a cumplirse en el lugar donde tiraste la moneda. Pero eso no quiere decir la muerte de tu sueño. Eso quiere decir que tu sueño se puede hacer realidad solo cuando te despiertes y cambies rosas por amor, tirando la moneda en la fuente correcta.

No tienes que matar tu deseo de ser amado.

Tienes que asumir que con ese tipo de persona no se te va a cumplir jamás.

Me arrepiento

Dicen que arrepentirse es cambiar. Y yo ya cumplí con el primer paso. Me arrepentí.

Y me arrepiento todavía.

De no haberme ido de los lugares en donde me sentía sapo de otro pozo y de no meterme en otros pozos donde no sería sapo, sino princesa.

De haber puesto el cuerpo a quien no supo mirar el alma. De no pedirte que te quedaras.

Que te fueras. Que me soltaras.

De haber dejado que me rompieran, que me lastimaran, creyendo, reiteradas veces, que las malas intenciones eran solo producto de mi cabeza.

Me arrepiento de no haberme arrepentido en el momento indicado para haber cerrado la puerta de un portazo y haber disfrutado escuchando cómo explotaban los vidrios de la soberbia y la estupidez ajena.

Me arrepiento de haber dado mi tiempo en lugares que hoy ya ni siquiera recuerdo.

De no haberte cortado el teléfono.

De no haberme dado el lujo de gritar como si nadie más me escuchara. De no haberme animado a preguntar qué te pasó.

De no haber podido decirte qué me pasaba a mí. Me arrepiento de haber roto y de haber armado.

De haberme ido y también de haberme quedado.

De haberme detenido en el sufrimiento, como si las agujas del reloj fueran solo un espejismo.

De haber puesto oído de amiga a quien me destruía el corazón cada vez que decía un nombre, que no era el mío, mientras le brillaban los ojos.

De haber confiado en algo más que en mi intuición, dándole el beneficio de la duda a quien no me daba la mínima razón para semejante regalo.

Y también me arrepiento de haber callado.

De haber sido víctima de mis emociones, esclava de deseos que no me pertenecían.

De haber aflojado antes de empezar. De no haberte dicho que así no.

De no haberte dicho que así sí.

De haber dejado que el otro cortara la baraja en todos los tiros y haberle dado una ventaja que siempre e inevitablemente era en mi contra.

Me arrepiento de no haber dicho todo, de no haber callado a tiempo, de haberme sometido a la pereza de no trabajar por mis propios sueños.

De mucho me arrepiento.

Sobre todo, y muchas veces, me arrepiento de no haberte mandado bien a la mierda para no perder los buenos modales contigo mientras los perdía conmigo.

Me arrepiento por mucho más que un poco. Claro que me arrepiento. Y por suerte.

Ahora me toca el segundo paso. Cambiar.

¿Yo? Feliz por mí.

¿Tú? Ni idea.

Calculo que te estarás arrepintiendo.

No me vengas con perdóname y esas boludeces. Ya sabes lo que tienes que hacer.

Cambiar.

Agradezco

Pensándolo bien, agradezco la rotura, las fisuras y las grietas, porque si no fuera por esos pozos en el cuerpo, no me habría cruzado jamás con gente que tiene el alma llena de tiritas para repartir.

La gente herida que pudo aceptar su dolor sin transformarlo en rencor ama distinto. Siente distinto. Abraza distinto. Mira distinto.

Su corazón da lo que necesita que le den.

Solamente quien asumió su falta está con la mano tendida para dar lo que el otro necesita. Porque sabe. Porque entiende. Porque lo vivió. Son creadores de un mundo donde las puertas siempre están abiertas. Me gusta ese mundo.

Viéndolo así, romperse es todo un privilegio.

Será cuestión de probar

Nadie puede mentirse a sí mismo.

Todos sabemos que quien miente lo primero que sabe es la verdad. Con nosotros pasa lo mismo. Podemos jugar un rato a mirar para el costado, pero siempre, en los vericuetos silenciosos de nuestras cuatro paredes, podemos arrancarnos las caretas y elegir pisar a paso honesto.

A veces, simular que no puedes seguir adelante quizá te permita capturar el afecto de a quién necesitas. Y te vas perfeccionando en actuaciones, con cara de enfermedad, para que alguien te golpee el hombro y te abrace los dolores.

¿No?

Después de mucho tiempo, te das cuenta de que el amor es hermoso cuando uno no lo arrincona contra la pared de alguien que no lo da.

Entonces, dejas de enfermar. Entonces, dejas de inventar.

Y te das cuenta de que uno puede salir del lugar de víctima y conocer un escalón mucho mejor.

Y de a poco te das el lujo divino de demostrarte a ti mismo todo lo que realmente podías hacer.

Entonces, decides respirar dignamente, cuando dejas ir a quien no te quería venir a salvar.

Y creces mucho y mejor. Avanzas.

Y dejamos de hacernos los boludos de nuestra propia vida. Porque, a veces, uno juega tanto a contar historias de desconsuelo que termina haciendo como si realmente las tuviera.

Y claro que nadie te cree.

Todos saben la maniobra para disimular la herida del desamor que escondes debajo de la mesa.

Todos callan.

Les da lástima el simulacro que estás haciendo por un pedazo de pan.

Por eso, todos son cómplices de tu mentira y te dejan de castigo el fastidio que les genera tu demanda, encima del plato.

Pero nadie te vende.

No porque te quieran un poco más. Todos saben que estás fingiendo.

Todos saben que, si quisieras, podrías por tus propios medios. Claro que se nota.

Pero no te arrancan el personaje con los dientes porque les da vergüenza ajena.

No es amor. No es pena. No es ayuda.

Es vergüenza ajena.

Mirándolo así, nada más lindo que arrancarte el disfraz tú mismo.

Empieza a hacer lo que puedes hacer. Y en todo caso disponte a disfrutar las caricias del que tiene deseos genuinos de dártelas. Es hermoso que te quieran. Pero de verdad.

Quizá no haya tanta vuelta y con ser tú mismo, te basta y sobra.

Será cuestión de probar.

Magia

Dejé de insistir donde no había lo que buscaba. Dejé de pedir en manos cerradas.

Dejé de esperar en sillas ocupadas. Dejé de intentar en un cuerpo ajeno.

Dejé de intentar que el otro entendiera.

Dejé de poner los ojos y la esperanza en corazones que no querían latir a mi lado.

Y, entonces, magia. Magia.

Volví a mí como único destino posible. Volví a mí como único camino disponible.

Volví a mí como el único reencuentro pendiente.

Volví a mí y pude verme las costillas, los dolores y mi alma deshidratada pidiendo agua.

Y me recibí. Me acaricié. Me perdoné. Me recosté sobre mi hombro. Me nombré con mi propia voz. Y me encontré. Distinta pero intacta. Me tuve otra vez. Me tengo otra vez.

Y, entonces, magia.

Tengo las llaves de las puertas que quiero abrir. Acá, dentro. Fuera solo están las cerraduras.

Pero yo decido dónde y de mí depende cómo. Yo decido dónde.

Yo elijo cómo.

Se me pasa

A pesar de tener algunas partes rotas y la mirada perdida, estoy contigo y de repente sonrío. Siempre sonrío.

No es que esté haciendo un esfuerzo ni que actúe para disimular las fisuras que tengo en la piel. De hecho las conoces todas.

Todas.

Pero es que ni bien te veo, la tristeza se toma un recreo. Quizá se acueste a dormir. Me da una tregua. Me guiña un ojo. Realmente no lo sé.

Pero todo lo que hasta hace un rato me pesaba en la nuca de repente deja de doler.

Me olvido. Me pierdo. Paso de hoja. Me vuelven las ganas. Mi vida se hace otra.

Respira.

Me preguntan por qué te quiero.

Quieren saber el detalle de lo que me das. Lo que tienes. Cuál es el secreto. Qué parte estoy idealizando. En qué me estoy mintiendo.

Y yo no estoy para ese tipo de estupideces.

No tengo ganas de desmenuzarte en pedazos para evaluar los motivos que el otro quiere saber porque desconfía de mi suerte.

No me importa que el otro entienda.

Hace rato que no me importa que el otro entienda. Yo sé que cuando estoy contigo se me pasa.

Los dos sabemos que se me pasa.

Lo mío es simple, profundo y al pie. Me haces bien.

Tenerte en mi vida me hace bien.

Sigo

Supongo que quizá estarás esperando que te explique por qué nos alejamos. En un principio lo pensé más de mil veces y llegué cada vez a una nueva conclusión menos favorable.

Con el tiempo fui aprendiendo que hay elecciones que es suficiente con que las entienda y las decida yo para seguir caminando.

Entonces sigo. Tranquila. Serena. Muda.

No te debo nada. Ni siquiera aclararte los motivos. Todos sabemos que en toda conversación se generan unas idas y venidas desagradables, donde se disputa la razón encima de la mesa. Y no tengo ganas. No las tengo. Y parte de mi decisión es no hacer ningún esfuerzo para tenerlas.

Uno conoce su propio límite cuando viene otro y se lo despierta.

Del mismo modo, dicen que uno no te genera las heridas, sino que ahí, donde te hace doler, tan solo te las muestra.

A estas alturas, debería agradecerte el dolor que me causaste porque, evidentemente, descubrí algo que no sabía.

El problema de toda esta historia es que no me dolieron mis propias roturas reviviendo en tus palabras, sino, y creo yo, que era innecesario que fueras tú, justo tú, quien tuviera que hacer el trabajo sucio. Eso sí que no lo entiendo.

Y no lo entiendo. Y no me gusta.

Y no lo quiero.

Cúrame

No me dolieron tus golpes, pero sí que me golpearas. Y no lo entiendo.

Juro que no lo entiendo.

Ya ganó

La gente que está agotada dice la verdad. En ese límite no hay más filtros.

El cansancio ciega la razón y el impulso gana la batalla. No jueguen con los límites del otro.

Uno nunca sabe cuándo se le corta la soga.

Y cuando uno aprendió que con tanta tierra encima, en vez de ahogarse y pedir ayuda, puede germinar, las tiene todas.

Ya ganó. Y para siempre.

No porque le ganara al otro, sino porque se ganó a sí mismo.

Sé tu corazón

Para que un sueño se cumpla uno tiene que despertarse primero. Y es así. No es un modo de decir. Si uno se queda soñando en lo soñado, las probabilidades de que suceda están todas muertas.

Hace un tiempo, me hice el listado de mis deseos. De mis logros por lograr. De mis metas por cumplir. De mis voces por decir. Y entonces empecé a caminar para ese lado. El de mi latido. El que te impulsa la sonrisa y disfruta la renuncia de la comodidad incómoda y lacerante que te convierte en un fantasma de tu esencia. El momento es en este momento. Ahora. Agarra un cuaderno. Lápices de todos los colores. Resaltadores. Regla y goma. Anota. Despiértate. Despiértate ahora. Ya. Haz lo que sientes hacer y ya tienes la respuesta en la mesa. Sí. Te fue bien. Te fue perfecto. Porque el único sondeo que resiste análisis es el que te dice que lo que hiciste te fue fiel a ti mismo. Entonces lo hiciste perfecto. Sincero. Fuiste tu propia esencia. Tu alma pateando la causalidad de lo que te fue llevando a perderte en una vida que no es el reflejo de tu mirada. Anímate de una vez. Despierta.

Ya vas a tener mucho tiempo para dormir en paz. Ahora es momento de armar estruendo. Tu mundo interno te está esperando. Prende la luz.

Sé tu corazón.

Me fui

Yo soy mi cuerpo que a veces se inunda de cansancio para gritarme que así no se puede seguir. Mi cuerpo harto, que busca respuestas en una cama que me devuelve con la misma moneda que yo le pago: más preguntas.

Preguntas que me chupan. Que agobian. Que ya fueron preguntadas millones de veces y jamás tienen la salida.

Cama. Más cama. Insomnio con sueño. Angustia revoloteando en el pecho. La cabeza que duele. Deseos que no se animan a vivir.

Duelos. Pérdidas. Dolores que duelen. Que atan. Pañuelos en un suelo cansado de que lo pisen. Tristeza en espejos que hace tiempo me niego a visitar. No quiero ver.

Pero se siente. Claro que se siente.

Y entonces me paro. Desarmo la cama. Arranco las sábanas.

Destruyo las cortinas. Arriba. Arriba las cortinas. Cubo de basura y arraso los papeles transformados en pañuelos.

La música que escuchaba cuando estaba bien.

Mis amigas. Marco el número. El fuego esperando el hervidor de agua.

Termo.

Prendo la ducha.

Agua fría. Helada. Me río. Tiemblo.

La toalla en la cabeza. El termo en la mano.

La libertad de andar en ropa interior y ni un pelo en la cara.

Empieza a entrar el aire a mi garganta. No más preguntas. Me acuerdo de que hace unos meses murió papá. No hay tiempo.

Entiendo lo que vale un segundo. Porque en ese segundo él se fue. En un segundo.

Me enojo con los segundos y peleo con ellos. Asumo que no me van a cagar la vida. Les saco la lengua y sigo. Y vivo.

Mis amigas en camino. El cielo. El olor a hierba. El amor. Lo que se fue. Lo que vino. Lo que vendrá. Quien soy. Lo que quiero. Me pongo las zapatillas.

La bocina del auto de mi amiga me avisa de que me quiere como siempre.

Cuando vuelva, ya sé que me espera una cama desarmada. Me sonrío y, mordiéndome los labios como una loca desquiciada, insulto a los segundos. No los regalo más. No los regalo más.

No hay vacíos por llenar.

Hay vacíos por recorrer. Portazo.

Me fui.

La suerte que tengo

De repente te agradezco y te confieso mi milagro cuando me doy cuenta de que abrazas mis heridas sin ningún miedo a que se te claven mis espinas. Eso sí es saberse bien amado. Ver cómo te comes mi veneno sin miedo a contagiarte, solamente para que mi propio trago me resulte menos amargo.

Eso es que te quieran con el pecho bien abierto, sin guantes en las manos y aceptando la simpleza de asumirme flor y tierra.

Cielo y barro.

Haciendo lo que puedo con lo que la vida hizo conmigo y lo que yo hice con ella.

A veces siendo capaz de todo y otras sin ganas de latir ni siquiera a tu lado.

Eso es que te quieran bien. En lo que soy y en lo que no puedo llegar a ser. Ni hoy. Ni mañana. Ni quizá nunca.

Querer bien.

En silencio, con la queja en el bolsillo y sin pedirme nada a cambio.

Eres la suerte que tengo.

La incondicionalidad que me regaló el destino. La casualidad hermosa de habernos mirado y no solo de habernos visto.

La inocencia de tu amor sublime. De saber elegirme entera en cualquiera de mis dos lados.

Chiquitos

Cuando uno siente que nació en un mundo donde no encaja, se impone el desafío de construir el propio.

Los mundos se pueden construir. Claro que sí.

Chiquitos, cálidos, con lo propio. Uno se puede mudar cuando quiera.

Un bolso, dos trapos, la gente que nos hace de cimientos y pala en mano.

Acá me quedo. De allá me voy.

Ni un libro. Ni un árbol. Ni un hijo.

Los papeles se pierden. Las plantas se secan y hay sangre que mata.

Uno trasciende en el amor que recibe y en el que sabe dar. Si no, dime, de qué te acuerdas cuando recuerdas lo que perdura en tu tiempo.

Lo que amaste. Quién te amó.

Entonces, ese tiempo que quieres guardar se crea. Se arma. Se construye. Se puede.

Sí. Después de tanto naufragar con heridas por todos lados, uno mete la mano en el pozo y encuentra su tesoro: se puede vivir como se quiere.

Arma tu mundo.

Todos locos

El insomnio me golpeó toda la noche.

En un momento realmente se tornó insoportable porque la guerra que tenía en mi cabeza era imparable.

Hace bastante tiempo que no avanzo en lo que digo que quiero hacer y tampoco, y sobre todo, en lo que quiero ser.

Siempre supe, bastante en silencio y con intenciones de silenciarlo aún más, que lo que me frena los pasos es esperarte.

Sí. Yo te estoy esperando.

Algo así como si la concreción de mis decisiones dependiera de las tuyas.

De ese ansiado momento en que puedas ponerme en primer lugar y coincidir temporalmente en este amor que digo tener entre las manos.

Estamos todos locos.

Prendí la luz del velador. Me senté en la cama. Me acomodé en cientos de almohadas que tengo para tener la espalda derechita y darle seriedad al asunto.

Agarré el cuaderno y un lápiz de la mesita de noche y anoté. El título de mi descarga me dio la respuesta.

«Si tú no existieras, qué cosas haría». Todavía las estoy escribiendo.

Te estoy esperando y por eso no avanzo. Dependo de ti.

Muy triste. Pero sí, dependo de ti.

Hoy me propuse hacer ver que no existe nadie en el mundo más que mi propio nombre.

Tengo pocos deseos, pero bien determinantes. Y mientras tú estás construyendo tu historia, la mía está a la espera de los resultados de la tuya. Tragándome a diario tus motivos, transformando tus peros en la razón de mi pausa.

Final del cuento.

Hagamos cierta la idea de que no existes. No me duele. Al contrario. Me da valor.

Me alivia el vacío que tengo atravesado en la garganta. Hacía rato que no ponía música fuerte y cantaba a gritos. Rato que no sonreía.

Rato que no dormía. Rato que te esperaba. Rato que no vivía.

La ansiedad de esperar que alguien te elija es una enfermedad que no se medica. Pero afecta.

Y cómo afecta.

Hace tiempo, la vida me puso enfrente la certeza de que todo se trata de un rato.

Un rato.

Y, para ser sincera, no puedo darme el lujo de regalar lo único que tengo.

A cambio de tan poco. A cambio de nada.

Hagamos que cada insomnio valga la pena.

Envidia

Siempre andan diciendo por ahí que en los malos momentos uno se da cuenta de quién es la gente que te quiere de verdad.

Hago memoria y entonces no estoy de acuerdo.

Tus dolores muestran tus heridas, tu vulnerabilidad.

Tus logros, muchas veces, muestran las heridas de los demás.

Sus fantasmas.

No cualquiera se queda viendo que uno puede y el otro no. Eso también existe.

A veces es más sencillo poner un hombro que poner una sonrisa.

Recuerda. Haz memoria. Se llama envidia.

No me interesa

Me voy a ir.

Voy a asumir que no me queda demasiado tiempo para coquetear con el tiempo. Y, entonces, eso me corre de repente como hielo por la sangre y me hace prisionera de la verdad de mis sueños.

Escalofríos que son señales.

Si cierro los ojos y respiro profundo, mientras me abrazo las rodillas, sé perfectamente dónde quiero volar. O mejor dicho, y no es lo mismo, en dónde voy a poder hacerlo.

Por eso me voy. Y de solo pensarlo me da taquicardia de la buena. Esa que te indica que la intuición no se equivoca. Que falta poco para llegar a destino.

Imaginarlo me acelera las ganas. Me da un motivo. O uno más fuerte.

Las cosas de acá que no quiero perder decido no olvidarlas. Así será.

Me llevo a mis seres conmigo, dentro de la piel. Todo lo demás no lo quiero. No me interesa.

Voy a prender fuego a las naves que no levantaron vuelo y que nada más servían como un recreo muy triste de lo real.

De mi verdad.

Algo así como si pudiera borrarme entera y empezar como una extranjera habitando un cuerpo conocido.

Dicen que a mi edad es tarde para barajar y dar de nuevo. Pobres. Me dan pena.

Todo lo que me pasa

Si te atrevieras a preguntarme qué me pasa, te contestaría, con un poco de vergüenza, que me pasan muchas ganas de lo simple. Que hace un tiempo largo vengo haciendo bastante fuerza para no bajar los brazos y seguir creyendo que la vida con la que sueño existe más allá de mi cabeza. A veces se me caen las esperanzas y me meto en mi mundo, como cuando era chiquita y hablaba sola. Ahora, para serte sincera, también lo hago. No es que esté loca ni mucho menos. Igualmente no es algo que me preocupe demasiado.

Es que fuera la realidad se puso muy confusa. No exagero. No sé cómo explicarte que más de una vez me duele el mundo.

Es justo de mi parte contarte que duermo hace rato con una muñeca de trapo, que le puse el perfume de papá que tomé como herencia y entonces, así, mato dos pájaros de un tiro.

No duermo sola y de alguna manera él también está conmigo. También quiero contarte que no veo ninguna película que no sea para llorar, porque me parece que si viene con esa limitación, no puede ser muy profunda.

Sí que lo sé. A veces juzgo de antemano.

Me cuesta mucho saber que hay gente que habla mal de mí, pero no porque me duela el ego. No, no. También me duele cuando hablan mal de ti o de cualquiera. En el fondo me da mucha tristeza.

Que todos los días pienso en el mar como refugio y en la hierba como descanso. Que siento que lo más incondicional que tengo es el silencio y que cada vez que la vida me abandona la soledad se vuelve mi cómplice y me hace un tiempo.

Lamento mucho que el amor de estos tiempos esté tan maltratado. Que la gente no crea que cuando tiene enfrente a un ser que ama y ese amor se corresponde está viviendo en la magia. Es que la gente ya no cree en los milagros, ni siquiera, cuando tiene la dicha de vivirlos.

Me pasa la angustia de ver cómo todo está corrompido. Cómo ya no se valora lo que vale y solo se busca lo que cuesta.

Me pasa la decepción de un mundo que lastima, que agrede.

Que se violenta.

Me pasa todo eso.

Y también me pasa que quiero tomar un café contigo. En la rambla. Con una manta, sin mirar el suelo.

Es el fuego. El aire. El agua. La tierra. Porque si voy por algo, que sea por todo. Me pasa que si no es verdad, no lo quiero. Que si es dolor, ya tuve mucho.

Que si no es sano, no me rinde.

Y que si no es contigo, ya aprendí que no está tan mal que sea conmigo.

Ningún cuento de hadas

Soy mía.

En el único lugar donde puedes hacerme lo que quieras es en tu cabeza. Entiendo perfectamente que todo lo que haces para desvalorizarme es simplemente un paso necesario para comerme mejor. Pero no me comes más que en tu delirio, en ese espacio donde tú te disfrazas de lobo, mientras que a mí, me cuelgas el disfraz de caperucita. Que te cuento que me lo arranco cada vez que terminas de hablar y de decir estupideces, donde intentas instalarme una culpa que dé crédito a tu maltrato, que lo justifique. Que le dé lugar.

La canastita que me ves en la mano no existe. Te la estás imaginando.

Tengo las manos abiertas. Las palmas miran al cielo. Respiro libertad.

Mi abuelita se murió hace más de veinte años. Y para ser sincera, casi nunca iba a visitarla.

Si me ves perdida en el bosque, es que me he ido a descansar. Todavía no entiendo para qué te sigues escondiendo detrás de los árboles. No seas ridículo, que hace rato que ya no me asustas.

El dolor me devolvió la dignidad.

Me hizo fuerte, tan fuerte que me hice mía. Toda mía.

Las flores que me ves juntar en el camino no las llevo a ningún lado. No son para nadie. Son para olerlas en mi mesita de noche.

Al lado de mis libros, de mi muñeca de trapo y de mi perfume. Mi mundo.

Aprendí a quererme cuando mi papá se murió.

Alguien tenía que hacerlo en su lugar. No te imaginas todo lo que me quería. No, no te imaginas. Tanto que, en su honor, no me quedó otra que creer en mí. Fuerte resumen. Pedazo de legado.

Creo en mí.

¿Entiendes? Creo en mí.

Y ese fue el final del cuento. Sí, ya sé, lo cambié... ¿Y qué?

Mis tazas

Soy adicta a las tazas. Las colecciono.

Me rompes una y me cambia la cara para todo el día.

Hace un rato elegí una. Todas son lindas. No las toco. No las agarro. Miro entre todas las filas, las contemplo, siento cuál es la que necesito y acaricio una. Me la pongo en el pecho y suspiro.

No sé el origen de esta perversión, pero dame una taza y soy feliz. Literal.

Feliz.

La puse en la mesa y la llené de papelitos que había escrito la noche anterior.

La gente hace el balance del año que se va. Yo no tengo mucho tiempo. Tú tampoco. Eso es todo lo que aprendí.

Se terminó el balance.

Entonces, cada papelito tiene escrito lo que voy a hacer en este año que entra. No lo que deseo. Lo que voy a hacer que suceda. No hablo de la ley de atracción. Hablo de lo que tengo que poner de mí para que lo que deseo suceda.

Y hablo de crecimiento personal. De lo que quiero aprender.

De lo que me falta dar.

De la cabida que voy a darle a mi intuición. De lo que me queda por sacar de la mochila.

Del amor que necesito en mi vida.

De lo que me queda por soltar porque no me permite

avanzar. Y sobre todo, de los pedazos de saltos que me voy a mandar.

Escribí todo como si me fuera a morir. Y, casi como magia, me conecté con mi vida más que nunca.

Termino de llenarla y la voy a explotar contra el suelo. Sí. Voy a reventar la taza contra el suelo.

Con la certeza de que este año empieza con ruido. Que mis papeles tienen sonido. Que mi voz no es muda. Y que si soy capaz de romper lo que me hace feliz, puedo ser capaz de romper lo que este año, el que se fue, se me hizo bola.

Romper es también la posibilidad de volver a nacer. Ningún pájaro nació sin romper un huevo.

Y esta taza se va a romper.

Y estos papeles serán su legado.

Y yo me encargo de que sean cumplidos. No hay tiempo.

Es momento de cicatrizar: acá dolió, acá sanó. Es momento de hacernos a nosotros mismos.

Es momento de empujarnos a propósito y sacarnos de donde no queremos estar.

Es momento de volar.

Ojalá

Pude transformar todas tus miserias en mis mejores maestros. Es que, la verdad, y juro que no es una ironía, me da mucha pena verte intentar sacar ventajas en lugares donde lo único que encaja es el afecto.

Pobre de ti que materializas tu ambición en indiferencia y falta de empatía.

Se me parte el alma proyectar el día que te vayas de este mundo, sin nada en los bolsillos, para entretenerte mientras te toque descansar en un cajón. Tanto esfuerzo al divino botón. Tanta energía, desgaste, cálculos. Muchos cálculos. Tremendo lo que vives. Lo que elegiste vivir.

Y no lo ves. O quizá sí y el sentido de tu vida lo hayas encontrado en un bienestar que sobrevive sin que te importe cómo la pasan los demás.

Sé que lo pasas mal. Cómo que no, si mira la cara que tienes. Fíjate cómo me hablas. Mira a tu alrededor todos los vacíos que la gente te va dejando como miguitas de pan.

La soledad que te toca vivir un día de fiebre sale carísima. Pero carísima. Todo indica que estás invirtiendo tus acciones un poco mal. Pero a mí me tocó la mejor parte.

Soy tu alumna y tú el mejor maestro que me pudo tocar. La enseñanza contundente y el espejo enfrente de mi cara, que me dice todo lo que está mal.

Me quedo conmigo. Y viéndote a ti, me quedo dos veces más.

Y tres.

Y cuatro. Y todas.

Quiero mucho a quien soy.

Y también me quieren, ¿sabes lo lindo que es? Un montón me quieren.

Pero no, ya lo sé... cómo vas a poder saberlo. Es el precio que te toca pagar.

Ojalá te cures pronto. Con amor te lo digo. Ojalá.

Mi propio jardín

Me habría gustado que las cosas hubieran sido de otro modo. Pero no lo son.

Verlo, querer ver la verdad, con la menor cantidad de velos posibles, me fuerza a tomar decisiones una y otra vez.

No está mal.

Cuando te das cuenta de que esas señales de las que la gente habla es simplemente lo real, entiendes tu elección como una nueva oportunidad.

No me quiero quedar regando semillas que no van a germinar porque no están plantadas.

No todo depende de mí. Puedo amar la tierra. La semilla y soñar ver los pétalos de la flor.

Pero ¿plantar? ¿Puedo plantar yo sola una historia que necesita de otra mano que también quiera?

No. No puedo.

Las relaciones son de a dos. Y a pesar de que yo deje mi parte, si el terreno no es fértil no va a suceder.

A veces somos manos que entierran.

Otras somos la tierra donde nos plantan la semilla.

Para que una flor crezca necesita de las dos cosas. Y después, vendrá el agua.

La hermosura de trabajar para que ese sueño se haga verdad. Mucha agua.

Pero yo no tengo todo. No puedo ser las dos cosas. No quiero serlo. No quiero cambiar amor por esfuerzo inútil.

Cúrame

Mucho tiempo fui tierra. Hoy me siento semilla.

Y si la tierra no puede albergarme, no me interesa suicidar mis propios pétalos.

Me voy.

¿Adónde?

A donde pueda crecer.

¿Será en mi propio jardín? Será.

Ser conscientes

Si no le añade valor a tu vida, está de más.

Si no es capaz de aportarle un significado a tu existencia, entonces sobra.

La felicidad no se compra en nada de lo que se paga, para justamente tapar un vacío que se profundiza cada vez que te das cuenta de que eso tampoco lo tapa. No lo llena. No lo sana.

Tener más no es proporcional a ser más feliz. Nada que ver. Nada que ver una cosa con la otra. De hecho, cuando uno logra sacarse de encima las cosas que le ocupan lugar, logra volver a disfrutar, sí, disfrutar de lo que antes sentía como un decorado.

Amar a las personas. Usar los objetos. Porque al revés nunca funciona. Nunca.

Tengo presentes las caras de aquellos que lo hacen como modo de vida y conozco la soledad a la que asisten todos los días.

Van a tener mucho. Un montón. Pero menos amor.

Menos amor.

La libertad de dejar ir lo que se acumula, pero no nos aporta más que menos tiempo, menos espacio, menos preocupación, menos ocupación es la certeza de que uno despeja las x con la intención de construir su sueño. Su propio sueño.

No el de las propagandas. No el de las revistas.

No el de internet.

No el de las fotos de sonrisas ajenas impostadas para demostrar lo que se desea, pero no se tiene.

Ser dueño es la respuesta de todas las cosas. No del mundo. No de las pertenencias.

No de lo que se puede perder. Sino de nuestra vida.

Ser dueño de mi vida.

Y si eso implica restar para sumar, entonces habrá que hacerlo.

Me emociona este camino. Porque es sincero. Porque no me lo vendió nadie. Porque ya pasé por los otros y fracasé. Porque me invita a definir mi propio sentido del éxito. Me abre los ojos para vivir en la verdad.

Me importa un comino destruir mandatos, conceptos y poesías hippies baratas, que compré sin darme cuenta. Nada de eso es mío. Solamente había caído en una trampa.

Basta de jaulas.

Quédate con todo eso que, si se te pierde, te duele el pecho por un buen rato. Y, por supuesto y sobre todo, este minimalismo hermoso aplica también para las personas que tienes al lado.

Basta de tanta purpurina de colores que siempre corre el riesgo de derretirse y dejar mugre.

Basta. Cambiar. Empezar.

Vivir mis sueños.

No sale nada. No se vende. No se compra. Lo único que nos implica es ser conscientes. Ser conscientes.

Revolución

Cuando era chiquita, me escondía detrás de las puertas de mi casa durante un rato largo, con la intención de escuchar los primeros pasos de alguien que notara mi ausencia y empezara a buscarme.

Bastaba saber que ya me estaban buscando para sentirme tranquila y en paz. Entonces sonreía detrás de la puerta y la huida, como llamada de atención o como mi manera de buscar afecto, se transformaba en algo placentero. Divertido. Emocionante.

Me ponía impaciente para que me encontraran. Contenía la risa y también la respiración.

Cuando fui creciendo, me di cuenta de que había miles de niños, inclusive los míos, escondidos por todos los huecos que uno se puede imaginar, queriendo ser encontrados y para cerrar la expedición con un abrazo enorme que le devuelva la certeza de que se notó su ausencia.

Por supuesto que se notó.

Sin embargo, ampliando la mirada y mirando más allá de lo evidente, también veo pies un poco más grandes que sobresalen de los escondites. Respiraciones que se transforman en llantos ahogados detrás de muchas puertas y miles de personas gigantes que se fueron a la huida, solamente para sentir que están siendo buscados.

Movamos los corazones del sillón y salgamos a buscar a esos niños devenidos en adultos que están esperando hace rato volver a sonreír, como cuando sentían que eran rescatados. Abrazados.

Busquemos muchos niños grandes en los rincones y regalémosles el tiempo que están pidiendo, como pueden y a su modo, para hacerles saber que se nota si se van.

La gente que se esconde necesita saber que alguien los va a salir a buscar.

Nadie quiere morir ahogado dentro de un armario. Empecemos a caminar.

Eso también es revolución.

Es momento

Es momento de dejar los «ojalá» y los «hubiera» en la cuerda de colgar la ropa.

La vida es la única cosa que se impone sin pedir perdón ni permiso. Así de simple. Es traicionera.

Nos tiene rendidos a sus pies, como esclavos de jaulas abiertas en las que no podemos decidir cuándo entrar ni cuándo salir.

La vida no avisa ni explica cuándo se le hace tarde. Llega. Se va. Y punto.

Será momento de asumir nuestro sometimiento a un tiempo que nos es dado como propio y vivimos como ajeno.

Habrá que agarrar dos trapos, un par de zapatillas que soporten el traqueteo y emprender el camino hacia las cuentas pendientes.

Sencillo y poco profundo. Hay que actuar.

No hay más tarea que hacer que caminar lo que queremos vivir.

La frase «ahora o nunca» siempre me resultó tan fatalista que supe sacarle la lengua. Hasta hace unos días, que se fue a sumar a la manada de estrellas, la que más brillaba para mí, entendí que las fatalidades también son ciertas.

Volví a mi casa y, después de dormir quince días seguidos, abrí las ventanas y empecé a buscar un par de zapatillas.

Acá estoy. Con la soberbia guardada en los bolsillos, buscando mi camiseta vieja y atándome los cordones para salir a patear mis sueños.

Con ciertas cosas no se jode.

Es ahora o, quizá, no lo sea nunca.

A veces se hace tarde en un segundo

La tecla de la indiferencia dejó de seducirme hace rato.

A cierta altura del amor te das el lujo de elegir que lo que te convoca es la voz precisa, fuerte y contundente de ese otro que te diga: te quiero.

Te extraño. Quiero verte.

Ese que prefiere disfrutar de la presencia y no del entramado de estrategias psicológicas que suponen tu permanencia en una espera ansiosa, angustiante y humillante de un par de líneas escritas. Vacías. Sin contenido. Miserables. Tiradas al azar.

La historia de Penélope es vieja. Muy vieja. Se murió.

Te diría, un poco evolucionada, con el paso de los años y un par de golpes encima, que esa espera patológica no se llama amor. El amor que te quiere no necesita que lo esperes, simplemente, porque no se va.

Antes de que pegues el grito, también asumo que la libertad no corrompe la esencia del amor. Por mí, vuela. Crece. Toca el cielo. Sigue creciendo. Sé libre. Haz lo que quieras. Sé tú siempre. Que además y de propina me encanta un montón.

Pero ¿irse? Irse es otra cosa. He visto gente que se va una vez por semana aun estando sentada en el mismo sillón.

No juegues tan de cerca con la distancia, porque a mí me genera cansancio. Agotamiento. Cero ganas de remar.

Sé tú. Pero no me toques el botón de la indiferencia porque

el monstruo que se me despierta es el del abandono. Y paso; te agradezco, pero paso.

Quiéreme en la distancia. Pero no te olvides de hacérmelo sentir.

No me basta con saber. No me interesa saber. No quiero saber.

A mí, mírame. Tócame. Deséame. Acaríciame. Abrázame sin tiempo. Dame lugar.

Cuídame.

Que cuando te lo pida, es cuando ya me esté yendo. Y, a veces, se hace tarde en un segundo.

Y todos sabemos que hay segundos que son irreversibles. Por supuesto que reparables.

Pero irreversibles.

No quiero corona

No quiero levantar la cabeza para que no se me caiga la corona. Primero en la lista, porque no me interesa ser princesa. Y segundo, porque, si no se me cae, sería por quedarme quieta y dura como una estaca. Viendo circular las emociones a mis costados. Escuchando cómo se vive. Cómo se disfruta. Y también cómo uno camina sobre las brasas.

Ya sé que quema. Pero no quiero corona. Prefiero el fuego en los pies. Prefiero el barro. Los pozos. Dejarme atravesar por lo que me toque. No esperar el beso de un príncipe azul, porque no me interesa frustrarme el día que le vea la cara de sapo.

Ya no espero que me salven. Dejé de hacerlo cuando aprendí a resolverme sola y me pude dar cuenta de que me sale bien y mejor. Agradezco a todas mis carencias porque fue ahí donde no me quedó otra que hacerme fuerte. Hacerme yo. Al fin y al cabo, si me hubieran dado todo lo que necesitaba, nunca habría salido a buscarme. Así dicen. Así fue.

No quiero mentiras, cuentos ni tener un alma con muerte cerebral. Digo sí a lo que me pasa. Digo sí a lo que elijo. Digo sí a la tristeza y a las alegrías. Porque no tendré corona, pero tengo la libertad interior de ser, sentir y hacer lo que se me antoje sin miedo a que se me rompa un decorado que me pesa y me encorva.

Me quedo con la impunidad de mis emociones. Siempre.

En cuanto a la corona, la dejo en el suelo, por si alguien la quiere juntar, llevársela puesta y decorar su jaula.

Yo me quedo con mi libertad. Me quedo con todo.

Diviérteme la vida

Me anticipas tu locura pensando que así vas a espantarme.

Y yo acá, esperando algún indicio de tu amenaza, que me arranque la desilusión de tanta cordura suelta y vacía.

Toma. Acá tienes.

Diviérteme la vida. Que yo ya me olvidé de cómo se hace.

Troya

Me falta reventar el florero contra el suelo como acto simbólico de un «basta» que escupe cansancio desde las tripas. Si lo hago sola no me sirve. Necesito escuchar el sonido de varios adornos estrellarse contra una realidad que necesita terminar de morir. Hagamos el intento catártico de poner en ese pedazo el final de una historia que se agotó de ser vivida. Somos legión, dijimos. Tíralo conmigo. Cada uno donde quiera. Donde se le cante. Que lo cargue de todo lo que desea que se vaya en esa explosión. Me gusta la vibración de grupo. De una manada queriendo cambiar el rumbo. Depositemos lo que falta que se estrelle. Que sea la última gota que haga rebosar el vaso. Que sea tu objeto preciado. Ese, que valga la pena su ausencia. Revolea conmigo las desventuras y que lo que venga sea un libro nuevo. Distinto. Blanco.

Atrévete a terminar de derrumbar lo que cuelga antes de que te ataque por la espalda.

Cerremos el círculo. Te espero en un rato. Busca ese objeto que rompa todo lo que quieres romper. Que sea un fin. Que sea un comienzo. Si alguien escucha, que escuche. Es tu momento. A quién le importa.

Que arda Troya.

Pongamos una hora y que se escuche el golpe del fin. Y el llanto adelantado de un nuevo bebé que ya se está gestando.

¿Quién quiere ser alquimista esta noche? Hoy. Conmigo. Me quedo acá. Esperando. Y, cuando estemos listos, nos encontramos en esa distancia presente, dando el golpe final. Que reviente lo que no sirve. Se acabó.

Que salga todo lo que tiene que salir. Aprovecha. Cárgalo de lo que tengas ganas que explote.

Y cuando no te da más el alma, reviéntalo. Todo. Que reviente todo lo que todavía no reventó. No esperes más. Adelántate al próximo bardo y sácale la lengua.

Hoy no te rompe nadie más. Hoy rompes tú.

No quiero salir

Me hundí en la cama. No dentro. Abajo.

No quiero salir. No es angustia. Tengo la sensación de haberme puesto en penitencia.

No voy a salir hasta no terminar de entender las razones de mi exilio.

No me perdono.

Eso es lo que hago acá, escondida. Acaso ni me quiero escuchar la respiración.

No me perdono.

Igual que las piezas de un dominó extenso como el cielo se desplomó la primera ficha sobre la segunda y me cayó el tiempo sobre la cara.

Me fallé a mí para no fallarte a ti.

A veces uno está vulnerable y es capaz de cortarse una mano solo para que alguien se agache a levantarla, como en un gesto de amor necesario para sobrevivir un poco más.

Yo fui soportando para que me soportaras. No pidiendo para que no te esforzaras.

No preguntando para no invadirte. No quejándome para que no te quejaras.

Y, de a poco, mi silencio fue cerrándome el resto de los sentidos. Fui perdiendo la adrenalina de las primeras veces donde nos estaba permitida cualquier cosa porque el amor estaba garantizado de antemano.

No hay dudas cuando uno no especula.

Y, sin embargo, ahora para no pelear y hacer de esto algo

sublime, o un sillón cómodo donde quieras quedarte, tu recreo en medio del caos, tu espalda, tus hombros, tu lugar en el mundo, tu entrada sin aviso y tu salida impune, me fui sin darme cuenta.

Y qué vamos a hacer si te digo que me extraño. Como una loca me extraño.

Por eso ando acá en penitencia, te digo. Culpándome por haberte puesto primero. Segundo. Tercero.

Quizá, y sin dudarlo, para que quererme te convenga y no se te clave en el talón ni una mínima espina de la duda.

Ofreciéndolo todo. Dándolo todo.

Obviándolo todo. Perdiéndome a mí. Resignándome a mí. Olvidándome a mí.

Y acá estamos, de repente, los dos contigo y sin mí. Dejando de extrañarte y con necesidad de buscarme. Agotada de mirarte sin mirarme.

Y me puse a buscar la lengua que me comí para no hablar sobre lo que no querías escuchar. Entonces supongo que la culpa fue mía. Y te tengo acá fuera, golpeando una puerta sin entender nada, con los ojos abiertos y las palmas de las manos llenas para ofrecer lo que ahora pido como cataratas de deseos que ya no me importa que me cumplas.

Ahora te acuerdas. Ahora que ves que me voy. Y cómo decirte que se hizo tarde, tan tarde...

Quizá la culpa fue mía y por eso no voy a salir de acá abajo. Que ahora no quiero hablar de nada que no esté entendiendo.

Que primero quiero volver dentro para preguntarme por qué me fui.

Y, en todo caso, si salgo de acá abajo será cambiada. Muy cambiada.

Y quizá entonces el día que me encuentre mi corazón egoísta ya no te sirva. Ya no te convenga.

Y entonces me digas que sí cuando te diga adiós.

Ese día nunca existió

Me choqué de frente con tu último mensaje. Fue un golpe que no me esperaba.

Lo dejé bien abajo para no abrir esa puerta a cada rato sin la necesidad de tener que borrarlo.

Y, sin embargo, al hacer una limpieza innecesaria de un móvil que mañana mismo pienso tirar por la ventana, tengo, frente a mí, a la muerte zarandeándome la vida: «Mañana te veo, mi amor».

Ese día nunca existió.

Tu partida me confronta desde el primer día con mi agenda llena de metas por cumplir.

Y de repente algo me trae de golpe a la realidad y me recuerda que vine a este mundo para amar mientras me entretengo y me distraigo con objetivos de mierda por cumplir.

Dime qué objetivo impidió que ese mañana sea un hoy. Dime qué fue más importante que lo más importante.

Lloro. Claro que lloro. Es lo único que tengo a mano que me saca esta pena de la garganta.

Será que también es mi manera de lavar la mugre que contaminó mi cabeza entre murmullos silenciosos; que fue eso lo que me volvió lenta, insensible y egoísta.

Me prometo, sin lugar a dudas, que mañana voy a tirar la agenda por el balcón.

Entonces, mientras releo lo que acabo de escribir, me paro y sigo tecleando.

Cúrame

Me levanto de la cama, subo la cortina y voy abriendo la ventana del balcón.

Abro el cajón y busco la agenda. Mañana no.

Ahora. Hoy.

Cuando duele

Si pudieras darte cuenta de que cerrando la boca, mirándome a los ojos y acariciándome la cabeza ayudas a acomodar mis partes rotas, te olvidarías de lo que piensas que necesito escuchar y te ocuparías de lo que estoy buscando sentir.

Cuando me llega el dolor otra vez, te necesito de refuerzo para poder curarme. Y, para ser sincera, no conozco ninguna lastimadura que se sane con palabras.

Cuando duele, no busco que me hables. No quiero que me juzgues.

No me sirve que me interpretes. No puedo escuchar tus consejos.

Cuando duele, yo busco que me toques. Que te quedes.

Que me cuides. Que me quieras.

No me cuentes historias. Viví conmigo la mía.

Te daría

Cada paso que no das tira al suelo la vida que me imagino a tu lado. Y acá tengo, entre los dedos, una historia golpeada y cascoteada antes de parir.

Yo pongo cartas y tú soplas. Y así venimos hace rato. Sin embargo, uno no conoce los límites hasta que se los pega de frente en la cara. Y, de repente, un día, la angustia y la ansiedad dejan de presionar.

Te ves haciendo silencio y observando. Ya no te interesa hacer esfuerzos para remar.

El tema es que tengo muy en claro lo que vas a perder cuando me pierdas.

Todo parece indicar que para ti no es igual.

Te regalaría mi consciencia tranquila y serena por haber puesto cuerpo y alma en esto que tanto queríamos.

Te daría mi paz para después, te lo juro. Yo creo que la vas a necesitar.

Claro que lo sé

Sé que has decidido no hablar con nadie de mí. Claro que lo sé. Y entiendo que te preocupe la idea de imaginar que pronto se te pudrirán las ganas de besarme la boca.

También sé que te encanta respirarme entera cuando estamos juntos.

Cerca. Dentro.

Confío en los planes que te acechan la cabeza para construir, conmigo, una vida entera. Con la misma intensidad, te preocupa que tu corazón ya no me quiera sentada a tu mesa.

Yo también veo tu mirada, escucho tu latido y toco tus nervios en cada abrazo en que nos hacemos un solo nombre.

Lo sé.

Pero también sé que te cuesta creer en la certeza de tu propio cuerpo, de tus ganas y de la muerte de tu eterno miedo.

Y dudas.

Entonces te vas al mismo tiempo que vienes. Regalándome, en iguales proporciones, tu amor cuando puedo tocarlo y tu incertidumbre cada vez que se cierra la puerta.

Yo te entiendo y no me animo a pronunciar una puta palabra que interfiera en tu duda por si acaso me toca pagar a mí una deuda que estás intentando no tener que arriesgar.

Por eso te sigo esperando. Mientras me canso.

Mientras me seco.

Nos extraño

En esto de necesitarte he llegado a desdoblarme hasta el punto de extrañar mi propia voz al hablarte por teléfono cada final del día.

No solo te fuiste tú en ese viaje. Lo nuestro también partió. Y aunque a veces logro traerte puesto y hacerte carne debajo de mi propia piel, hay días, como hoy, en los que con eso no me basta.

Nos extraño mucho.

Bebés prematuros

La vulnerabilidad del alma nos vuelve bebés prematuros. Entonces, en ese estado de indefensión y bloqueados, sin recursos, uno necesita ser tocado otra vez.

Mirado otra vez. Mimado otra vez.

Visitado con dulzura. Abrazados como lo fuimos en esos primeros tiempos donde el contacto era la forma en que la palabra se hacía carne.

Real. Honesta. Intensa.

La gente rota se vuelve niño, huérfana de padre y madre. Se hace chiquita, muy chiquita.

Las camas se le transforman en incubadoras, susceptibles a ser infectadas con muy poco.

Con casi nada.

Y en ese espacio devenido en su mundo, se acomodan en posición fetal para abrazarse a sí mismos. Para darse amor y consuelo. Para resguardarse de un exterior violento que apura y se vuelve urgente.

Para volver hacia la calma del interior donde explotaron los relojes contra la pared de la impunidad y la libertad de quien sabe que necesita tiempo para respirar distinto.

Esa gente no necesita que le prometan que pronto va a pasar. Ni que le tapen la boca.

Ni que la convenzan de nada.

A veces, ni siquiera pueden escuchar. Tampoco quieren.

Ellos saben que nadie es capaz de tragarse su dolor y

sus heridas. Acaso, apenas intentan hacer entender su sufrimiento.

No piden tanto. No piden nada. Y, sin embargo, necesitan todo. Hay heridas que no se interpretan. Se acunan.

Se besan. Se abrazan.

Se acompañan.

Y, así, muchas veces se sanan.

Terror

Te vi ahí perfectamente. Claro que te vi.

Y, sin embargo, te esquivé la mirada porque es la única carta que, si la juego, me pone en desventaja.

No me importa perder. Tampoco me preocupa ganar.

Yo no sé jugar a lo que viene después de ciertas miradas que no dicen más que un par de letras trabándose en la lengua. Por eso bajo los ojos y me escondo dentro de mí. Por eso no me encuentras. Porque no quiero darle caducidad a una posible promesa de paraíso.

Yo me quiero cuidar y, sinceramente, no sabría qué hacer con mi vulnerabilidad de niña huérfana de amores encima de la mesa.

No es miedo. Es terror.

Déjame en paz

Tengo un pozo en medio del estómago.

Es la presencia de tu ausencia la que me deja un vacío cargado de ansiedad. Ansiedad llena de mariposas chocándose las alas contra las paredes de mi cuerpo para huir de este agujero muerto.

Para qué vuelves si no puedes estar.

Para qué estoy si sé que no vas a volver. Déjame en paz de una vez.

Déjame en paz.

Quiero todo

De vez en cuando puedo sentir que me quieres un poquito.

Que soy yo la que hace de una estrella una galaxia.

Serán mis ganas. Mi deseo. Mi carencia.

Pero cuando dejo de lado mi egoísmo y pienso en ti, asumo que tu amor es muy chiquito al lado del mío. Diminuto.

Tus pies caminan muy lentos y cómodos así. Tu mirada no hace jueguito con la mía.

Tu tiempo no me alcanza para terminar de disfrutar. Y yo no quiero eso.

En mi cordura no contaminada de miedos y soledades, yo sé perfectamente lo que vale mi corazón. Lo que pide mi corazón.

Y entonces todo se vuelve imperfecto pero sincero. La verdad, en la punta de la cama, me esperaba una vez más.

Quizá duela dejarte otra vez. Ya sé que dolerá. Pero esto de que me quieran un poco me choca con todo lo que quiero sentir y no me dejas. Contigo hay un límite que no me interesa calcular. Que me pudre respetar.

Cuando era chiquita, mi papá me preguntaba qué pensaba yo del amor. Si era mejor tener quien te ame o tener a quien amar.

Nunca supe la respuesta correcta. Es una deuda que me quedó con él.

Recién ahora entiendo la pregunta.

Ahora, cuando contigo no se puede ninguna de las dos opciones.

Porque no se puede amar a quien te quiere un poquito. No se puede amar a quien no te ama.

No se puede amar si no hay lugar.

Discúlpame el egoísmo, pero tengo que irme de acá. Necesito dar lugar a mis carencias.

Necesito que me amen para también yo poder amar. Quiero todo.

Las dos cosas, papá. Las dos cosas.

Menos amor

Hay historias que son una travesía imposible de domar. Que tienen más olor a capricho que a amor de verdad. Uno se empecina y va seleccionando las partes que se le adecúan a un deseo que no va a ser satisfecho, sino maltratado.

Memoria selectiva y poco digna. Mentirosa.

Y, sin embargo, apuesta a un número que no va a salir. Sigue. Pateándose la cara a sí misma, dejando el cuerpo y el alma en intentos que van a fracasar porque ya fracasaron antes. Entonces continúa con el intento de sangre, sudor y lágrimas. Transpira la camiseta. Se obsesiona y se cree que es así. Que esa es la manera en que deben suceder las cosas cuando uno se enamora.

La ves sacando cuentas de las palabras que se dijeron y de las que se callaron.

Imaginando, en fantasías, lo que la realidad no puede darle.

Se vuelven demasiadas y sospechosamente buenas. Se ponen a disposición y hasta, a veces, las ves en venta sin precio.

Regaladas.

Se desgastan tanto que un día uno no sabe ni lo que tienen enfrente cuando se miran los ojos al espejo. Lo dan todo porque creen que amar es dar para que el otro valore lo que tiene al lado. Son psicólogas, economistas, amigas, madres, señoras, enfermeras y amantes.

Mudas.

No dejan sillas vacías. Salvo la propia.

Son historias que tienen más de guerra que de paz. Que dan dolor de estómago y nudos eternos en la garganta. Que corrompen la libertad al punto de vivir ojeando una llamada que no tiene sentido más que lo que vale una nueva gota de esperanza ante la negativa de lo evidente.

Cuando alguien te quiere, todo se vuelve simple. Y te das cuenta de que te quiere porque no te duele nada. El otro te valora porque te ama. Porque te ama.

Dar no tiene nada que ver con entregarse. A veces se trata de entender y nada más. El amor siempre siempre sana.

Todo lo demás es otra cosa. Si se siente dolor.

Si se vive tirando cartuchos, probando cuál va a servir. Si se llora en silencio.

Si se muere la autoestima.

Si una se esfuerza para ser reconocida. Mirada. Cuidada. Mimada. Admirada. Valorada.

Si se pierde una misma.

Entonces, eso se llama de cualquier manera menos amor.

Que exploten

Las lágrimas no lloradas hacen más hondo el agujero de la tristeza. La gente aprendió a contener el agua porque un analfabeto emocional nos enseñó que llorando no se soluciona nada. Y cómo que no. ¿Quién puede pensar y decir semejante estupidez? Si yo todavía me llevo el cubito y la pala a la orilla del mar, sabiendo que no voy a parar de sacar arena hasta no toparme con el fondo del pozo.

Lo mismo me pasa cuando lloro.

Me dejo llover sin un cronómetro puesto en la mano. No pido disculpas.

No me retiro de donde mi corazón fue atacado por un recuerdo que me conmovió hasta las pupilas.

Mis lágrimas también son mi voz mutilada por una angustia que me atraviesa toda la garganta.

No me voy a callar.

Que se limpien, por favor. Que exploten, carajo.

Que lleguen a transformarse en mar si es necesario. No me interesa lo que opinen de mi manera de habilitarme lo que siento. Yo sé lo que hago conmigo y con mi dolor. Cada uno lo vomita como quiere.

Al fin y al cabo, guardo la certeza ineludible de que, después de la congoja, siempre vuelvo a respirar la calma.

Mueren

Hay amores que no encajan. Que no entran.

Que no empastan.

Son amores construidos con desilusiones, desencuentros y frustraciones repetidas.

Piezas de dos rompecabezas distintos que, por más fuerza que uno le ponga, no se van a armar nunca. Pero uno no descarta el deseo y sigue intentando. Hace esfuerzos para que la otra mitad valore la intención.

Y lo empuja. Lo presiona. Lo hastía. Lo asfixia. Lo mata.

La naturaleza de la espontaneidad del amor es, justamente, su esencia. Pero uno atenta contra lo irreversible. Se niega a lo evidente y sigue mostrándose con ganas, dando lo que no tiene a alguien que no puede recibirlo.

Amores forzados. Amores insistidos.

Amores que duelen, que lastiman, que opacan la mirada.

El amor, cuando no entra, si uno lo empuja lo termina rompiendo. Y ese es el final de los amores que agonizan desde su nacimiento.

Un día, cuando se les saca el respirador artificial, se mueren. Sí, se mueren.

No se puede

Cuando uno agarra un mazo de cartas para montar una casita y no le sale, lo intenta otra vez. Repite la acción tantas veces como sea necesario para ver esa casita de pie.

No se resigna. Tiene que salirle. Y es eso mismo lo que intenta con cada nueva jugada. Uno repite lo que no puede construir.

Lo repite para ver si en la próxima ocasión puede ver esa casa de pie.

Y repite. Pero otra vez la casa se cae. Nos preguntamos cómo puede ser. No entiende qué es lo que está saliendo mal. Cada nuevo intento nos agota. Entonces se nos pone más difícil.

Pero el hartazgo no alcanza. Se vuelve un desafío interno, una pelea entre el mazo, la casita deseada y nuestras manos. Ya podrido de recaer en lo mismo, lanza las cartas contra la pared y supone que ese no es el día. Un poco decepcionado, guarda las cartas en el cajón. Al rato se olvida y el intento queda intacto hasta la próxima vez.

Eso mismo es lo que nos pasa cuando caemos una y otra vez en casitas que no se levantan y que vemos demolerse.

Repetimos para ver si en la siguiente prueba tenemos suerte. Se nos cruzan muchas estrategias para cambiar la historia.

Muchas.

Pero nunca nos atrevemos a cuestionar que quizá lo que no funcione sea esa baraja.

A veces, para construir la casita, lo que hay que modificar

no son las actitudes. Ni entrenar las manos. Ni practicar la paciencia.

A veces hay que aceptar que simplemente no se puede.

Probablemente, lo que se tenga que hacer sea comprar, de una buena vez, otro nuevo mazo de cartas.

No pido

No pretendo la impunidad del no dolor.

Asumo y acepto que te fuiste sin discutir con la almohada. No tengo ganas ni paciencia para resistirme. Yo ya sé que perdí la batalla.

Pero sigo sin destrozarme la cabeza y sin lastimar mi corazón.

No pido ni espero que nada sea distinto. No intento repasar lo que pasó y podría no haber sido. Colgué los guantes en la soga de la resignación.

Al fin y al cabo, ya sé que voy a dejar de extrañarte el día que yo también llegue al cielo.

Estaba rota

Todo ese tiempo muerto a tu lado. Seco. Apagado. Donde perdía hasta mi propia mirada. Días enteros aguantando que se apague el sol para poder irme a esa cama chata. Vacía. A ese hueco en donde me hacía una bola para no darme de frente con tu presencia ausente. El nudo en el pecho goteaba como una llovizna intermitente que llovía piedras. Soledades.

Y sí. Claro que lo recuerdo. Miles de voces diciéndome al oído que me fuera. Que me fuera. Pero yo ahí. Quieta. Inamovible.

No estaba sorda. Estaba rota. Como un pájaro estrellado contra un suelo frío, duro y desconocido, que no puede remontar su vuelo.

Es que, acaso, hace poco pude comprender que la única razón por la que no me movía de ahí era esa. No era comodidad. Estaba herida.

Por eso me perdono. Por eso no me castigo. Nadie vuela sin alas. Y yo las tenía quebradas. Fracturadas. Muertas.

No me quedé por comodidad. Lo sé. Yo no pude. Y me perdono. Y me comprendo. Y ahora lo veo desde arriba. Y no me importa pensar qué pasa abajo. No me detengo. Sigo.

Miro al pasado y sonrío. Porque ahora puedo. Y entonces sigo. Es mi momento de abrir los ojos.

De abrir las alas.

Disfrutar del viento y, claro que sí, llevármelo puesto.

No a cualquier precio

Claro que te quiero. Claro que sí. Pero no a cualquier precio. Es más, te diría que a ninguno. Si quererte trae de propina un coste sobre mi corazón, entonces prefiero levantarme de la silla antes de pedir la comida. No te quiero remando. Insistiendo. Doliendo.

No quiero tu amor de a ratos. De a pedazos. Como un premio de consuelo por todo lo que te doy. Te agradezco, pero no.

Yo te quiero a cambio de que me quieras. Te cuido a cambio de que me cuides.

Te respeto a cambio de tu respeto.

Y si no sucede, entonces te dejo ni bien sienta que esto no es ida y vuelta.

Porque, para ponerme a querer de una sola mano, prefiero quererme a mí misma.

Dignidad

El que es capaz de lastimarte, de la forma que sea, no sabe que después del dolor que nos causa aparece el escalón más espantoso en la escalera de esa relación. Un día, cuando ya es uno el que puede sanarse de ese rencor ajeno devenido en desamor y maltrato, transforma su propia angustia en desprecio y arrepentimiento por haber amado. Y lo que es peor, lo peor del mundo afectivo, es que uno se siente con la autoridad moral de faltarle al respeto. El dolor causado por el otro intencionalmente tiene, de remate, un latir en el pecho que no tiene retorno.

Hay lugares de donde no se vuelve más.

Hay corazones que no se pueden volver a querer. Que no se deben volver a tocar. Porque no. Porque muerden. Porque matan. Porque están infectados. Porque hieren. Queman.

Y porque no pueden transitar con veneno si no lo depositan fuera.

Entonces, después de que uno es capaz de ver con todos los sentidos y de asumir que hay mundos que hablan otros lenguajes. Podridos. Manchados. Sucios. Indescifrables. Entonces sí. Uno tiene que salvarse. Marcharse.

Desconectarse. Alejarse. Preservarse. Protegerse. Volver a sonreír. Y, sobre todo, tiene el derecho a proclamar que no se puede querer a todo el mundo. Simplemente eso. No se puede. Y saberse merecedor de gritar a los cuatro vientos, como un logro merecido, que yo, a ti, no te quiero querer más. Es más. Yo ya no te quiero más.

Dignidad

Trágate tu rencor, que yo ya me fui. Date cuenta de que ya no es conmigo la historia.

Cúrate de ti mismo. Y en cuanto a mí...

Esto no es orgullo. Es dignidad.

Un mundo

Dentro, cada uno tiene un mundo. Un universo donde habitan sus miedos. Sus sueños. Sus dolores. Sus historias vividas y esas que tan solo llegaron a ser soñadas.

Todos tenemos una habitación en nuestra cabeza donde duermen nuestros fantasmas. Nuestros monstruos. Nuestros niños que nunca se hicieron adultos.

Y así recorremos las calles, codeándonos con otras caras. Otros mundos. Llenos de miserias y alegrías. Arrastrando distintos muertos que nosotros. Cruces que pesan. Miradas que les faltan. Corazones cicatrizados. Pero uno está apurado, entonces se olvida de mirar en la profundidad de los ojos del otro. Del que tiene al lado y se acostumbró a ponerlo enfrente. Y no repara en que quizá su alma habla otro idioma. Y su sangre corre por otras heridas. Y no lo mira bien. Y no lo reconoce. Y sigue de largo y a veces se tropieza con él, se lleva puesto. Sí. A ese otro con su mundo encima. Se lo lleva puesto y no se da vuelta para ver si lo lastimó. Si necesitaba que lo acomodaran un poco.

Y uno sigue marchando su propia vida, aferrado a ese mundo que lo habita y que a veces se lo come.

Y se resigna a las reglas que fue asumiendo. Y se acostumbra a que la vida a veces fracasa.

Y también sabe que en un tiempo tiene su revancha. Pero sigue. Sin sorprenderse ni mirar para otro lado. Sin pensar, acaso, si quiere vivir en ese mundo que fue criando. Alimentando.

Regando. No tiene tiempo ni ganas de entrar en el planeta del que le pisa los talones. No le importa esa mirada. No puede. No quiere.

Cada uno tiene un mundo dentro de su nombre. Y uno termina creyendo que no se puede mudar de sí mismo. Que no puede decidir cambiar de césped. Mirar otro cielo. Soñar otras cosas. Empezar, otra vez, con la pierna que le queda. Tenemos mil vidas dentro de nuestro mundo. Y uno se aferra a la que va viviendo. Y no es igual. Nada tiene que ver una cosa con otra. Una cosa es elegir dónde y cómo queremos respirar, y otra muy distinta es ser transitados y respirados por un mundo que se te impuso sin ser buscado.

Puedes elegir girar para el otro lado. Los árboles que se plantaron no quieren decir que ahí se acaba el bosque.

Sigue plantando. Si te embarraste, puedes germinar. Y distinto. Y renacer. Y cambiar. Y construir. Y más que eso. Puedes mirar al costado y tender la mano. Y pedir la que te falta. Puedes. Claro que puedes.

A veces, si lo piensas otra vez, también puedes darte el permiso de empezar a sanar.

A volar. A vivir.

Cúrate de una vez.

Historias en pausa

Hay historias que necesitan ser congeladas. Respuestas que es mejor dejar en pausa. Personas que requieren guardarse en un paréntesis.

Acciones que pueden esperar. Decisiones que hay que poner en lista de espera.

Preguntas para el siguiente momento.

No se puede poner todo en la misma frecuencia. No todo importa de la misma forma.

Cuando uno está atravesando la tormenta, lo único que importa es ver de qué manera la atraviesa. Tiene que focalizarse en las aguas y en ese cielo hecho pedazos encima de nuestras cabezas.

Uno tiene que curarse primero. Ya sabes.

Lo importante es salir de ese quilombo. Del que te roba la lucidez y la templanza para hacer todo lo demás.

Del que te impide discernir lo que la marea te revolvió en medio del caos. A veces, lo mejor que se puede hacer es no hacer nada. Primero la tormenta. Y, en todo caso y con las aguas quietas, después sí.

Después sí.

Cuando hay amor

Tengo un historial de relaciones en mi vida que un día se estrelló contra el suelo. Recuerdo, claramente, que en ese momento las estrellas que se veían no eran de las que brillaban. Lejos de eso, eran de las que se apagaban.

Estrellas muertas.

El final de cada vínculo mientras —y esto es lo peor— uno ama y tiene el sabor amargo de toda despedida. Despedida donde sentís el *tackle* final que te deja reposando en el suelo, con la convicción mortal de pérdida irrevocable. De abandono. De fracaso. De un extrañar sin fin que, por lo pronto, uno cree, convincentemente, que nunca tendrá consuelo.

Y pegando la vuelta, y habiendo dejado respirar las historias y con el tiempo necesario para que cada parte sea atravesada por un balazo que lo reconstruya en una nueva persona, resulta que todo otra vez, y ya sin la carga de la espera, se hace posible.

Distinto. Porque ya no somos iguales. Y porque volvimos a ciertos lugares con una maleta nueva. Incluso, a veces, vacía.

Creo en la muerte de muchas relaciones que no funcionan. Por supuesto que sí. Pero también creo —y no por creyente, sino por testigo— que el tiempo, en el medio, es capaz de sanar heridas.

Sanar un vínculo es la posibilidad de dejar morir el que no puede ser para poder construir uno nuevo más adelante.

Cuando hay amor, eso sucede. Sucede.

Hay que dejar respirar al amor cuando ahoga.

Cuando va perdiendo su luz. Dejar que lo atraviese el tiempo y la vida, y después sí.

Después sí.

Cuando el amor es de verdad no se va a ningún lado. Parafraseando la canción: «Nada se pierde. Todo se transforma». Y cuando te pasa y vuelves a ver a esa persona en la puerta de tu casa, entiendes que nunca nada es definitivo mientras la rueda de la vida siga girando.

Y ahí está. Y ahí estamos.

No retomando desde donde dejamos.

Sino empezando desde donde ahora estamos parados.

Empezar otra vez, de una forma nueva y distinta, siempre que haya amor es posible.

Y cuando eso sucede y entiendes que esperar tiene sentido, que el tiempo tiene un sentido, ninguna muerte resulta tan trágica. Nunca.

Donde hay amor nunca hay separación, porque siempre es posible un nuevo nacimiento.

Sí, sí. Siempre.

No hubiera hecho falta

Le pides que se vaya para escuchar cómo te pide quedarse.

No todo lo que se dice es lo que se quiere decir. A veces, el miedo es un techo que te hace de rapto.

Y uno se cubre. Y uno se escapa. Y pide pruebas. Señales. Ser retenido. Algo. Migajas.

Y así nos seca la espera. Y uno se apaga

Y pierde el fuego.

Y las carcajadas se vuelven sonrisas. Y el deseo empieza a agonizar.

Y los ojos se ponen tristes.

Y la ansiedad se apropia del cuerpo. La espera no transforma. Dilata.

No va a pedir quedarse.

Si así lo hubiera querido, no habría hecho falta pedirle que se fuera.

Dime quién

Te equivocas.

Quedaste atrás con el pensamiento. Creciste pensando que tú das y yo recibo. Que me voy a quedar callada esperando que seas tú quien me ponga el deseo dentro de la boca. Que leo dos líneas azules sin respuesta y eso te vuelve el desafío de mi vida. Que cuanto más te demores, más se supone que me haces notar cuánto vales.

Que si me abrazas, estoy en riesgo de confundirme. Y entonces te encargas de separar el afecto para no cargar con algo que no puedes corresponder.

Me pones un freno de mano, alertando, a modo de suplicio, que no me enamore de ti. Que no es tu momento. Que tu vida está en proceso, en construcción.

Que no me enamore de ti es tu manera sutil de adelantarme que eres tú el que no va a enamorarse de mí. Y así seguiría la lista con cientos de ítems donde entre líneas se lee que das por supuesto que el desamor me encanta.

Que el destrato me conquista. Que tu indiferencia me seduce. Que tu espera te eleva.

¿Qué sabes del amor?

¿Qué sabes del deseo?

¿Qué sabes de disfrutar?

¿Qué sabes del placer?

¿De sentirte bien?

De lo que quiero, busco y de donde me quedo.

¿Qué carajo sabes?

Tú quieres demostrarme que tienes el poder de la situación y te piensas que ganas si yo lloro y tú te vas.

No, no tienes que tratarme mal para seducirme. De chiquitos, es cierto, uno hace boludeces. Pero hace rato que aprendí a atarme sola los cordones. Y, sin embargo, tú no confías en que los conceptos también maduran con el tiempo.

Y sigues creyendo, sin lugar a dudas, que así es la función. Por eso te quedas donde te garanticen que ganaste la partida.

Ganar. Tú quieres ganar.

En cambio, yo me quiero quedar en donde haya empate.

Siempre empate.

No necesito golpecitos en el ego.

Sé lo que valgo más allá de que lo creas tú.

Todo parece indicar que yo soy débil y tú bien fuerte, porque, si me regalas una canción y me seduce tu regalo, hay peligro de extinción.

Ojalá te cures de no entender nada. Sentir se complica para ti.

No sentir se complica para mí.

Dime quién está más jodido de los dos.

Tengo callos

Creo, sin atisbos de soberbia, que ya le di la vuelta al dolor. Del otro lado de la esquina, me encontré, de repente y a la fuerza, con el aprendizaje. Antes me preguntaba para qué quería aprender si eso implicaba noches en vela, insomnio como enfermedad, ansiedad como testigo.

En cambio, cuando subí el último escalón, miré para arriba y me di cuenta de que me ganaba un cielo lleno de paz.

La paz, el único éxito en la vida, solamente llega después de haberte transformado.

¿Y qué cosa puede transformarnos si no es aquel escenario que pone sobre la mesa la necesidad de montarnos un cuartito de herramientas para poder resolver solos nuestros propios conflictos?

De chiquita me quedaba más cómodo pedirle al vecino todo lo que me faltaba. Y, de vez en cuando, tenía la costumbre de transformar todo mi alrededor en un vecindario.

Uno, de niño, cree que nadie mejor que mamá y papá para atarnos los cordones en el mundo. Y así va por la vida con los cordones desatados, esperando ver a mamá y papá en cualquier lado. En cualquier cara. En cualquier hombro.

Y cuando digo «chiquita» recuerdo que la última vez fue hace muy poco. Muy poco.

Tener todo en casa alivia.

Para entenderlo, tuve que mirar lo que me faltaba y salir a buscarlo. No solo eso.

Volver a casa sin nada creo que fue el dolor golpeando dos veces.

Pero, sin esa carencia, no me habría imaginado que podía, ante todo, contar conmigo.

Hoy tengo el cuartito del fondo bien adentro.

Quiero mucho a los vecinos, pero no los necesito. Y creo que desde ese momento todos nos llevamos mejor.

Descubrir que tengo mis herramientas encima me da la paz que respiro.

Hoy me puedo atar los cordones a la perfección.

Y, además, si tengo ganas, me los piso. Y si me caigo, me paro y sigo.

Y si me duele el golpe, no me importa. Tengo callos.

Hoy puedo calmarme a mí misma.

Y eso, para mí, es lo más parecido a la felicidad.

Interés mentiroso

Cuando el interés es mutuo, nadie pierde tiempo en querer disimularlo.

A quien te quiere, se le nota.

Se le sale de las manos. Se le ve en la mirada. Tiene un gesto.

Un acto. Un algo que se le impone y necesita demostrarlo.

No hay distancia. Vacaciones. Complicaciones. Falta de tiempo. Cansancio. Ni mañana.

Con el desinterés pasa lo mismo.

Cuando a alguien no le importas, se le nota. No hay desengaño.

No hay desilusión.

No hay futuro frustrado.

Hay señales que uno se traga porque no quiere ver. Ver, a veces, atenta contra la esperanza.

Cuando lo único que se tiene es esa carta, no cualquiera la apuesta.

Apostar lleva, de hecho, la renuncia a una espera develada como inútil.

No es fácil irse queriendo.

No es fácil asumirse no querido. Entonces, uno cree lo que no existe.

¿Inventa? No. Se lo cree.

Dicen que no existe nadie más vulnerable a creerse algo falso que aquel que necesita que esa mentira sea cierta.

Justo, justo

Menos mal que se te cayó la careta otra vez en el momento indicado.

Estaba a medio minuto de arrepentirme. A veces, desilusionarte es un golpe de suerte. Algo así como un refresca-memoria que se empeña en seleccionar lo mejor de lo peor.

El sentimiento de culpa nos empuja a una duda que nos tortura la cabeza. Y entonces uno se pone en penitencia pensando que decidió mal. Y se castiga. Cómo se castiga, santo Dios.

Hasta que ahí se repite la historia en un solo chasquido. Y ahí está, ahí lo ves. Haciendo lo de siempre una y otra vez.

Pero ahora ya no te duele como antes. Ahora te confirma que elegiste bien.

Respiración profunda. Te felicitas con ganas. Aplausos bien de pie.

Y pensar que estaba en el camino, sin retorno, a idealizarte.

Pero llegaste justo a la cita. Justo, justo.

Gracias por recordarme por qué te dejé.

Duele

Yo te doy la mano en medio de tu calvario y tú no tienes la prudencia de tomarla sin clavarme las uñas.

Me duele. Así me duele. Me estás haciendo mal.

Si no vas a guardar las uñas, no me dejas otra opción que abrir la mano y dejar de hacer fuerza. Yo no quiero que te caigas. Pero tampoco quiero caerme contigo.

Acá estoy y siempre voy a estar. Pero no me pidas que me deje lastimar. Yo no tengo la culpa de nada. Lo lamento un montón y por eso acá me ves al pie del cañón.

Pero así no porque me duele.

Agárrate de mí las veces que haga falta. Pero así no.

Haz fuerza y acaríciame la mano. Acá estoy. Mírame porque acá estoy.

Pero agárrate tú. Ya basta.

Yo no te sostengo más. Me duele.

Empate

Yo creo que en toda relación uno debería decir libremente qué es lo que quiere. Así, del uno al diez, cuánto espera de un vínculo. Del otro. De la situación.

Entonces, el otro, en pleno ejercicio de su voluntad, te dice: «De ese diez que pretendes, yo solo puedo darte un cinco».

Un cinco.

Y ahí estás tú... ¿Estás dispuesta a resignarte, a aceptar, a perder ese cinco que no tiene disponible para ti? ¿Estás dispuesta a no patalear por ese cinco que no va a darte?

Y tú, ¿cuánto estás dispuesta a dar de lo que el otro pretende? ¿Cuánto quieres entregar en ese vínculo que se está gestando?

Si hay empate, funciona.

Si uno pierde, ninguno gana.

Porque tarde o temprano vas a pedir lo que te falta. Quizá no ahí. Quizá en otro lado. En ese peaje que le cobras al otro por platos que no rompió.

¿Cuánto quieres?

¿Qué quieres?

¿Cuánto puedes dar?

¿Cuánto quieres resignar?

Yo, después de muchas vidas vividas en una sola descubrí que siempre quiero empate.

Nunca menos. Nunca más.

Empate.

Siempre empate.

Hoy me voy

No todas las historias merecen ser vividas. Que haya amor no quiere decir que sea suficiente. Hay amores que han matado varios corazones y hay corazones que de tan lastimados que están no pueden amar con todo su latido. Son historias que duelen. Que nos estancan. Que nos debilitan. Que nos vuelven obsesivos del cumplimiento de un deseo que no está maduro para ser comido. Uno fuerza lo que debería suceder de forma natural. Y se ofrece como cirujano para coserle las roturas que no lo animan a abrirse de par en par.

Pero ese otro que presta el cuerpo por delicadeza todavía no puede soportar el pinchazo de una aguja. Y en el medio son dos remando en el asfalto.

Uno quiere demostrar que tiene voluntad y el otro le quiere explicar que con ayuda va a volver a querer. Y los dos se esfuerzan. La luchan. La pelean. Hasta que uno se planta y dice: «No puedo más. No es que no quiera, querer quiero. Es que no puedo más».

¿Se quieren? Sí.

¿Se extrañan? Un montón.

¿Se desean? Con toda la fuerza del mundo.

¿Entonces? No pueden. Todavía no pueden. Y abrirse no es abandonar.

Y retirarse no es egoísmo.

Y dejar no es que no importe.

Es respeto. Es escucha. Es entender. Es no forzar. Es comprensión. Y, sobre todo, es salirse de una foto que no nos tiene como protagonista.

Nadie puede sanar a nadie que no pida ser sanado. Nadie puede obligar al otro a vivir un amor para el cual no está preparado. Nadie puede apurar el dolor ajeno.

No todas las historias merecen ser vividas. Algunas hay que resignarlas. Y aunque uno se quede con las ganas y las ilusiones atragantadas en los ojos, dejar ir, cuando el otro no puede, también es amar.

Sé que ahora no puedes.

Sé que ahora no quieres poder. Me protejo y no me inmolo.

Me respeto, te respeto y me voy.

Pero, sin embargo, acá estoy. No sé si para siempre y del mismo modo. Pero sí para cuando pidas querer sanar.

¿Por estúpida? No, por amor.

Y, además, y sobre todas las cosas, yo también merezco todo tu latido.

No un poco. No a medias. Todo. Merezco todo.

Y por ese mismo amor, también, es por lo que hoy me voy.

Reinventarse

Reinventarse quiere decir dejar morir lo que fuimos y ya no nos sirve más. Es estar dispuesto a nacer en otros vínculos, en otros roles y también en otros deseos.

Es renunciar a la zona de confort, a los lugares cómodamente incómodos, llenos de nada. Vacíos de todo.

Hay gente que se arrastra para poder seguir caminando con una máscara que le pesa en el cuerpo y le agota el alma. Pero no se le ocurre soltarla. No solo no suelta ese cadáver, sino que además lo lleva puesto como si no le quedara más opción que vivir con un muerto. Y la verdad es que a los muertos se les agradece la existencia. Se internalizan sus enseñanzas y se los deja en paz. Uno no puede andar tirando el pasado a la basura, porque esos pasos fueron necesarios para este presente que hoy nos lleva a replantearnos el futuro. Pero una vez que soy consciente del lugar y la misión que tuvo, agradezco y sigo. ¿A quién se le ocurre cargar su propio cajón en la espalda?

Reinventarse es salirse de todos esos lugares que uno decide abandonar para ir en búsqueda del verdadero sentido de su vida.

De nada sirve un título colgado en la pared, mucha plata y muchos viajes puestos si no sabes quién eres ni para qué vives.

Reinventarse es no tener miedo de intentar, probar, pasarle la lengua a algo nuevo y distinto, que no tiene que ver con lo que fuiste hasta hoy.

Se puede cambiar. Sí, sí. Claro que se puede. Pero eso implica, primero, consciencia. Darme cuenta de que estoy durmiendo en una cama que no me deja descansar. Revolear las sábanas a la mierda, abrir la ventana que estaba clausurada por puro capricho y darse una nueva posibilidad de vivir distinto.

Es mentira que se resuelva la historia cambiando los pensamientos negativos por positivos. Pero por favor...

Para cambiar hay que hacer algo distinto. Romper significa, sobre todo, que acepto dejar morir a lo que no quiero vivir más.

¿Cómo se hace? Déjate marchar. Permítete algo distinto.

Que no te nombre la herida.

Agradece tu pasado, tus errores y el dolor. Pero después vélate. Y date el regalo de volver a nacer.

Salta ahora porque la palabra «después» tiene mucho olor a nunca.

Salta.

Y si en el primer intento te salió mal, igual tienes suerte y te quitas el muerto de encima.

Salta.

Y después ponte a armar el piso.

Nunca más

Tú, que me quieres de a ratos. De forma escindida.
Según tus prioridades.

Tú, que piensas que considero presencia tus apariciones; que por momentos te instalas en mi vida como si tu necesidad fuera más importante que mis expectativas; que juegas a volver loco al amor que te tengo, yendo y viniendo, guiado por tu impulso.

Tú, que olvidas el dolor que me queda después de que, en un instante y sin mediar una sola palabra, todo se hace humo y resulta que es producto de mi imaginario.

Tú, que, como no puedes solo con tu vida, usas mi entusiasmo, mi bondad y mi incondicionalidad como si fueran de goma, hasta que de tanto estirar se me rompe, me golpea en la mano y me hace gritar. Tú, que no tienes derecho de hacer conmigo lo que ni siquiera yo me doy el permiso de hacerme pasar.

Tú, que juegas con un fuego que no se te va a apagar el día que a mí se me apague.

Porque queda bien claro que solamente te alimento con mis pensamientos distorsionados por esta soledad que me habita, que me corrompe, que te pone encima lo que necesito y que le sirve de ventaja a tu aburrimiento, que se aprovecha de mis carencias.

Por supuesto que lo sé. No soy estúpida.

Lo supe mucho antes que tú, solo que con saber no siempre

basta para volar cuando uno está en el medio de un desierto, muerto de sed y hambre.

Ya voy a poder. Acuérdate. Ya voy a poder.

Y entonces, el día que alguien me toque el corazón, vas a transformarte en un recuerdo de mierda que tan solo me servirá de referencia como un punto en la línea de mi vida, uno donde, con una fibra roja color sangre, diga: «Cuidado, no repetir».

Nunca. Nunca más.

No será contigo

Te sentaste frente a mí para decirme un montón de palabras que mis oídos no escuchaban y mi pecho recibía como dagas.

«No puedo darte más que esto», fue el primer disparo que salió de tu boca.

Todas las gentilezas que siguieron después no tenían ningún sentido. Acababas de matar todo lo anterior.

Me sentí un regalo rechazado; como ese que te agradecen muchísimo, pero que de ninguna manera pueden aceptar. Y uno, incómodo por el desprecio que recibe, insiste para que el otro se lo quede. Pide por favor.

«Hazme el favor, lo compré con todo mi amor, pensando en ti», pensé.

Pero cerré la boca.

Me guardé a mí misma en mi propio cuerpo devenido en bolsa y me cerqué con alambre de púa para no salir nunca más a darte nada.

Ya te había dado todo.

Era quien había sido durante toda mi existencia; sin embargo, tú no podías dar el siguiente paso porque evidentemente no te bastaba. Por supuesto que eso no ibas a decirlo para no lastimarme. Pero no había que ir muy hondo para sacar las verdaderas conclusiones.

«Yo, así, estoy perfecto», tuviste que incluir en el menú de tus frases consoladoras, para alentarme a que me diera cuenta de que no necesitabas más nada que lo que estábamos comiendo en esa mesa.

«Pero yo no», me dije.

«Yo no estoy perfecta, un carajo».

Tú así estarás perfecto porque no te importa si mañana me voy. Nadie que no pueda dar un paso más en el camino del amor puede estar perfecto.

Estarás cómodo, pero eso es otra cosa.

Yo, hace un tiempo, lo único que pretendo en esta vida es evolucionar.

Es ser cada vez más yo. Es volar a mí misma, en cada oportunidad que percibo flotando en el aire. En cada paso. En cada camino.

No me sirven los «hasta acá puedo dar». No, no me sirven.

Porque me amputan todo lo que yo podría llegar a ser. No creo en el amor con vallas.

No creo en insistir para convencerte de lo hermoso que puede ser quedarte conmigo.

Además de tristeza, tengo dignidad.

Creo en el amor libre; sobre todo, en el que tengo para dar. Y tu alambrado me limita. Me corta las alas. Me pone una alarma en el corazón para hacer que reviente cuando me paso de la línea que dibujaste.

Uno sabe perfectamente cuándo es el final.

Algo dentro explota en mil pedazos y uno sabe que hubo una muerte silenciosa, pero muerte al fin.

La puta que dolió. Claro que dolió.

Hoy a la mañana, con las lágrimas secas, pude despejar tus x de las mías y entender mejor. No me quiero quedar.

Y no porque tú no puedas darme más que «esto».

No me quiero quedar porque a tu lado no puedo ser todo lo que soy.

No será contigo.

Simplemente, no será contigo, mi amor.

Dueño

Si pudieras sentarte (como sinónimo de frenar, de parar la pelota), las cosas se resolverían.

O, por lo menos, empezarían su evolución. Nadie crece en las zonas de confort. Simplemente, allí se vegeta.

Uno se muere entre cuatro paredes que simulan ser inofensivas y son siniestras. Estafadoras del tiempo. Ladronas de aires nuevos. Castradoras de alas capaces de poner bombas al destino y de construir pieza a pieza un nuevo mundo. El tuyo.

Cuando uno se amiga con uno mismo, la soledad es una búsqueda y no un lugar en el cual uno acaba cuando cae derrotado al perder el partido. Uno deja de delegar miserias y se vuelve dueño de su casa al hacerla su templo.

Sí. Exacto. Se hace dueño.

Dueño de sus decisiones, de su espacio, de su tiempo y también de su propio calvario.

Y el otro acompaña el viaje, pero a boca cerrada, respetando las decisiones ajenas.

Entonces, uno, más fortalecido, capaz de confiar en su universo interno, no pide ayuda.

No busca rescates. Comparte.

Se mira para dentro.

Se escucha en el silencio.

Se anima a romper las estructuras que no eran propias.

Pega saltos a sus sueños mientras que otros juzgan que son saltos al vacío.

Vacíos ellos.

Los que todavía no despiertan y se creen dueños de su vida cuando aún no se atreven a romper sus jaulas de oro, que ni decoradas se vuelven placenteras por más de cinco tristes minutos.

Cuando dejamos de poner el ojo fuera y distribuimos nuestros dolores a causas ajenas, tenemos el ancho de espada de acá a la muerte.

Sí, hasta la muerte.

Lugar que, todos los que tenemos algún ángel dando vueltas, sabemos que de ninguna manera es el final de nada, sino un nuevo reencuentro.

Acá todo. Allá también.

Cuando uno deja de tener miedo a partir, vive la vida sin buscar un sentido.

El sentido se revela por sí mismo y uno se da de cara contra la única realidad irrefutable: vivir, tan solo vivir.

Nuestra única misión, entonces, será descubrir qué tipo de energía tenemos, solamente para entender lo que nos va a colmar y enseñar que ese es el camino.

Pero para empezar un viaje, primero y siempre, hay que frenar. Frenar.

Entonces uno, sin apuro y con amor, decide convertir su corazón en su propio altar.

No quiero que vengas

Discúlpame la honestidad, pero es todo lo que hoy puedo darte.

Mi sinceridad nos aleja, ya lo sé. Pero a mí me cuida, me cubre, me deja en calma, y con el tiempo aprendí que eso es lo único que debería importarme.

No tengo razones para convencerte de que no lo hagas; de que te quedes; de que no vuelvas.

Sabes perfectamente que cuando me dices «chiquita», yo me hago enorme.

Gigante.

Y entonces pienso que, con esa carta en la mano, ya tienes el partido ganado, incluso antes de haberlo jugado.

Y yo ya no quiero jugar a nada.

No puedo. De verdad que no puedo.

Conozco el dolor de corazón cuando cruzas la puerta y no me quedo con nada.

No quiero que vengas. No quiero besarte.

No quiero mimarte.

No quiero tratarte bien.

Yo me enamoro de mí en esos momentos y después me cuesta hacer el duelo de mi propio dolor.

No vengas. No quiero otra vez un tsunami acá, en mi casa. En el living, en mi habitación. Después queda todo tirado, roto, destrozado y no tienes ni la gentileza de ayudarme a juntar semejante desastre.

No vengas. Hazme el favor. Esperemos que se nos pase.

Que ya no quieras provocarme cada vez que me digas «chiquita». Yo puedo decirte: «Para. Basta. No te equivoques».

Las cosas cambiaron. Ahora aprendí que así no quiero. Que así no me interesa.

Que ya estoy grande.

Felicitadme

Sentí un ruido después de haber abierto la boca para deciros a ti y a otros tantos todo el dolor que me causasteis.

En un segundo, crucé la mesa y se cambiaron las sillas. Los roles. Qué lindo ruido.

Qué lindo.

Soy yo, aplaudiendo por dentro. Pude. Felicitadme.

Lo que después pase con eso ya es harina de otro costal.

Por cobardes

Todavía no me animo a pedirte que te quedes porque me cuesta darme cuenta de si te habla mi carencia o mi deseo.

Entonces te escribo y borro. Te llamo y casi no digo nada.

Y nuestras conversaciones son pasadas de agendas cotidianas, aburridas, tristes, solitarias.

Con el silencio de saber que nos estamos perdiendo de a poco y cada vez más rápido.

De forma inevitable.

Sin mirarnos a los ojos para que no nos delate la cara.

Para no tener que irnos. Para seguir quedándonos en el medio. Haciéndonos piedra de nuestro propio camino.

De nuestra vida. Víctimas del miedo.

Perdiendo las ilusiones que algún día cosechamos, soñamos, alimentamos. Ilusiones que hoy se transforman en las cadenas que nos atan a una cama vacía.

Cobardes.

Por supuesto que lo somos. Cobardes.

Si todo lo que nos unía dejó de pasar. Cómo no vamos a saberlo.

Cómo no vamos a sentirlo.

Cómo no vamos a llorar por la muerte de nuestra historia, la que algún día creímos eterna.

De cuento. Llena de futuro.

Y nos corre un luto que todavía no podemos pasar; que ninguno de los dos está preparado para velar.

Pero nos persigue igual. Y en poco tiempo, y más allá de nuestra voluntad, nos va a alcanzar.

Y pobres de nosotros dos que nos vamos escondiendo debajo de la cama, detrás de la puerta, en el ruido de cada discusión que inventamos, abrazados a nadie.

Somos cobardes.

Por eso no queremos. No podemos.

Sabemos que después de cada fisura uno va perdiendo piezas del rompecabezas.

Y una más. Y otra más. Y otra más.

Entonces uno, desesperado, se pone a llamarle amor. Pero se le dice miedo. Y se pronuncia cobardía.

Por eso no me voy. Por eso no te vas. Por cobardes.

Toda tu vida

Eres tú y todo lo que te pasa.

Y en ese enamoramiento con tu propio ombligo te vas olvidando, como cualquier enamorado en su luna de miel, del resto del mundo.

Del resto de los corazones. Del resto de las heridas.

Del resto de las luces que están prendidas. Y así, también, me vas perdiendo a mí.

Vas dejando tantos espacios vacíos que cualquiera que sea capaz de mirar para el costado en el que me puse me encuentra.

Y resulta que, con una simple pregunta, me da todas las palabras que a ti te faltan.

Y me ayuda a descubrirme en cosas tan simples y hermosas que me devuelven las ganas de mí.

Y entonces recuerdo que importo tanto como tú. Que valgo tanto como tú.

Que merezco mi atención. Y te lo dije.

Pero tú me pediste que te dejara ser como eres. Que no está en tus planes el cambio.

Y así seguiste.

Sin intenciones de levantar la cabeza para ver que me estoy yendo cada vez más rápido.

Por supuesto que te dejo ser tú.

Sé tú todo el tiempo. Toda tu vida.

Sé libre. Sé tú. Claro que sí.

«Pero quiero que sepas que yo también estoy empezando a ser yo», te respondí casi al final de la conversación.

Creo que fue mi manera sutil de decirte que el que avisa no traiciona.

Pero, como siempre, entretenido en tu ombligo, no escuchaste lo que estabas oyendo.

Me mandaste un besito y un después te llamo. «Deja, deja. Te llamo yo», te dije.

Pero no entendiste.

Por supuesto que no entendiste.

Limpieza

Los otros días, antes de ayer sin ir más lejos, una persona que no conozco dejó un comentario irónico, agresivo, debajo de un texto.

Borré el comentario y después la bloqueé.

El año pasado, una amiga la pifió muy feo, me pisó el corazón, la confianza, y yo no dije nada.

Pero nunca más nada, así de literal. Desde ese entonces no volvimos a hablar.

En un momento muy triste de mi vida, una amiga de mi hermana me dijo algo tan poco empático, tan desubicado, tan lamentable, que hoy ya no puedo decirte con exactitud qué fue lo que dijo, pero sí recuerdo que esa fue la última vez que supe y que sabré de ella.

Y mil historias más.

Hay vivencias que quiero no pasar. Y quién sino yo para determinar que irme, de la forma que decida, es una opción.

El ancho de espada con el que siempre cuento.

Realmente, explicar lo inexplicable cuando lo que se chocan son los valores es un trabajo que no me corresponde a mí hacerlo con nadie.

Yo solamente decido con quien sí y con quien no. Y esa es mi llave.

Ya bastante uno tiene con uno mismo como para dedicar energías en gente que no te quiere bien.

Porque ese es el foco.

Quien te quiere te cuida y no puede agredirte intencionadamente. ¿Entiendes que no pueden coexistir las dos variables al mismo tiempo? No se puede.

Y yo no soy juez de nadie.

Pero sí elijo qué cosas tener en mi vida. Qué gente.

Qué vivencias.

Qué momentos no quiero volver a repetir.

A veces, uno intenta que el otro entienda las razones del dolor que te generó.

Pero cuando lo entiendes tú, te alcanza, te basta y, encima, te quedas con la vuelta.

No es soberbia, es amor propio. Es cuidarse.

Es protegerse. Es armar tu paz.

Yo me hago cargo de mi parte. Pero, tú, cúrate de ti misma. Eso también es limpieza.

Perdón

Recién hoy puedo entender lo que te estaba pidiendo.

Cierro los ojos y de a ratos me arrepiento de no haber sido una piba más agradable contigo. En ese momento no lo podía ver. Quizá hayamos sido a destiempo y me consuela pensar que la culpa no fue solo mía. Tú también debes estar haciendo tu autocrítica. O quizá ya no te haga falta y la soberbia que yo te olía en ese momento, cuando no cumplías mis demandas, era simplemente la certeza y la seguridad que siempre te dio tu valentía para quedarte donde estabas, esperando que yo creciera.

Que amaneciera sola. Que aprendiera. Eso querías. Que aprendiera.

Y hoy te cuento que crecí.

De repente, como casi todos, crecí.

Aprendí. Lamentablemente no fue a tu lado.

Y las faltas de ese entonces son las mismas con las que me levanto cada mañana de cada día.

Y hoy me avergüenza no haberte visto con un corazón a media asta, sin saber siquiera lo que quería.

No eras tú. Ya lo sé.

Era mi historia, que no se entendía con la tuya.

Los golpes que te había dado la vida yo todavía los miraba desde abajo. Era chiquita a tu lado. Muy chiquita.

Y hoy, con un par de cachetadas inesperadas, me recuerdo golpeando la mesa para comer lo que, sin darme cuenta, teníamos servido.

Hoy tu mesa ya no tiene mi silla.

Hoy mi casa no tiene tu foto al lado de la mía. Dolió.

A veces todavía duele.

No se trata de querer volver a donde nunca estuve. Se trata de saber que nunca miré lo que tenía enfrente.

Perdón. Nada fue a propósito.

No fui agradable porque estaba muy enojada conmigo.

Y era tan chiquita a tu lado que no tenía con qué hacerme cargo de mis cargos.

Y hoy, que ya no somos, siento los mismos miedos. Las mismas faltas. Las mismas penas. Las mismas heridas.

Ya no estás para culparte. Ni para pedirte.

Ni para llorarte.

Pero, por suerte, todavía puedo verte bastante seguido y mirarte a los ojos, convidarte a un café y decirte gracias.

Te quiero. Y en cuanto a mí, por supuesto que te perdono. Yo siempre te perdono.

Hace un tiempo entendí que no fue desamor. Hicimos lo que pudimos.

Nada personal

Muchas veces me tenté a pensar que renunciar era una opción para no contaminarme más. Entonces, a un paso de quemar las naves, siempre me acuerdo lo que me dijo Verónica hace mucho tiempo:

«OK. Primero resuélvelo y después, si quieres, renuncia».

Yo le hice caso porque para algo le pagaba; y cuando terminé de resolverlo, me di cuenta de que ya no hacía falta que renunciara. Ni a eso ni a nada.

Renunciar, a veces, se transforma en una forma elegante de irse sin haber jugado el partido.

Y quizá dejarlo así como estaba era lo más fácil para mí. Pero el coste que iba a pagar era la certeza del retorno de ese mismo problema, por los siglos de los siglos, disfrazado de muchas formas distintas hasta encontrar su absolución.

Carísimo.

La gente le llama karma. Otros le dicen mala suerte.

Verónica me decía que esa era la famosa compulsión a la repetición.

Uno repite compulsivamente la historia de su vida hasta encontrar resolución. Ese es el motivo y la causa de vernos en el mismo lugar más de una vez al año.

Nadie se empeña con nosotros.

Yo pude darme cuenta de que entre la vida y yo no había nada personal. No soy tan especial como supuse muchas veces. Y está bueno darme cuenta y tenerlo presente, porque esa es la forma en la que me encontré cada vez que pude destrabar un lío.

Haciéndome cargo. Poniéndome al frente.

Creyendo en mí como ley primera.

Poniendo sobre la mesa todas mis herramientas y las palabras de Verónica, que me guiñaban un ojo:

«Primero resuélvelo y después, si quieres, renuncia».

Después me di cuenta de que Verónica me hizo trampa. Pero no me importa.

Fue la única forma en la que aprendí a ganar mi primer partido.

Dime

Dime para qué me llamas si no vas a decir nada distinto.

Si siempre, al final del cuento, terminamos en el mismo lugar de porquería en el que habíamos quedado la última vez. Para qué vuelves a intentar convencerme de todo lo que me quieres si ni siquiera puedes pronunciar, sin fallar en el intento, la palabra «nosotros» toda junta y mirándome a los ojos.

Dime por qué, si yo me abro para resolverte el camino que tú no puedes tomar, vuelves a cerrar las calles que conducen al final de esta jaula prometedora, impidiendo el vuelo de cada uno por un cielo distinto. Nuevo. Mejor.

Dime qué es lo que quieres cuando, sin saber qué buscas, me sigues golpeando la puerta del destino, clausurándonos la posibilidad de ser felices otra vez.

Que todavía no entiendo hasta dónde puede llegar tu corazón, que, queriéndome tanto como proclama, se lleva puesto mi dolor, haciendo estragos en mis ilusiones y esperanzas que, una y cien veces más, quieren creer en ti.

No te importa que esto me duela. Me está doliendo.

Y herida, con un par de alas rotas, no tengo las mismas fuerzas que tú para tomar mi mejor decisión.

Por eso te pido que no me llames. Que no vuelvas.

Que cierres la boca y te vendes las manos cada vez que el impulso le gane la batalla a tu cordura. No tienes por qué arriesgarte a pelear contra lo que no te interesa ganar.

Estoy llorando. Siempre estoy llorando.

Y no me digas que no lo sabes.

Y no me digas que no me entiendes. Y no me confundas con estupideces. Tu amor es un amor cobarde.

Miserable.

Egoísta. Pero sobre todo un amor cortés.

Que habla suave, que mira con los ojos deprimidos cuando siente que me va a perder. Que me cuida y que me salva cada vez que voy a caer.

Un amor hermoso. Uno que trata de preservarlo en el silencio, muy en el silencio, por si acaso no tengo nada que arriesgar.

Un amor cuidadoso. Respetuoso.

Amable.

Un amor de mierda. Pero bien de mierda.

Con amor

Desde que te fuiste, cada escalón que subo no se distingue mucho del de bajada.

Los momentos de alegría duran lo que tardo en recordar que ya nada está atravesado por tu mirada. Después, y por suerte, me hago cicatriz en cada herida que me trae la sonrisa de nuevo cuando te sé dentro y entonces dejo de buscar en dónde estás.

Me cuesta entender cómo, justo tú, te fuiste sin avisar. Tú, que fuiste el artesano de mi corazón y te dedicaste a construirlo con tu amor. Y en ese silencio te agradezco haberme vuelto cisne cada vez que me sentía el patito feo de mis cuentos.

Entonces tu ausencia se hace presencia permanente.

Y tu mirada ausente se transforma en los cimientos indestructibles de mi alma.

Y tu abandono pierde el egoísmo de mi necesidad y lo transforma en un viaje adelantado a nuestro encuentro.

Me toca asumir que tu incondicionalidad no puede traerte de regreso.

Pero también sé que te encargaste de dejarme una varita mágica dotada del mejor poder que puedo tener: amor.

Y acá estoy.

Sacudiendo polvitos mágicos en el aire como puedo. Mirando para dentro y no para fuera.

Teniendo la certeza de que la escalera de mi vida puede detenerse un rato, pero nunca va a ser caminada hacia atrás.

Tú me enseñaste a quererme mientras me querías. Y de regalo me dejaste las herramientas para poder, en tu reemplazo, transformarme a mí misma en ese cisne, recordando, simplemente, la manera en que tú lo hacías conmigo.

Y entonces es ahí donde vuelvo a creer que todo es capaz de volver a empezar.

Con amor, Lorena. Con amor.

Locura

Solamente puedo entender que des mi amor por sentado y entonces, y solo por eso, me descuides porque crees que voy a estar acá, intacta, para toda tu vida.

¿Qué clase de locura es esa? Lo desconozco.

Dejarlos

Cuando uno crece descubre que el cuco sigue estando en la oscuridad, pero que ahora la oscuridad está dentro y no fuera.

Entonces perdemos el miedo a que alguien nos abra la puerta y nos coma mientras dormimos.

Ya sabemos que es nuestra posibilidad de hacernos más fuertes que nuestros propios fantasmas.

Y de pelearlos. Y de superarlos.

Y de sacarles la lengua. Y de matarlos.

O quizá, simplemente, de dejarlos que griten. Que aúllen.

Hasta que se queden sin voz.

Muy tarde

Los «te quiero» más mentirosos del mundo salen de tu boca. Los dices tan convencido que cuesta que aceptes lo que reclamo porque te los terminas creyendo tú.

Entonces me peleas. Te haces el enojado.

El saturado por una situación que ya no sabes más cómo manejar.

Los dos nos confundimos con tus explicaciones pensando que a mí me sobraba novela y a ti, edad para estas boludeces.

Y, por supuesto, acá estamos, otra vez, creyendo en tu teoría. Y se hizo tarde.

Muy tarde.

Estoy congelándome. Casi anestesiada.

Pero no te das cuenta del frío que estoy teniendo porque hace rato que no me tocas.

Cambiemos de rumbo.

Dejemos las palabras y vayamos a los hechos.

Y entonces así vas a darte cuenta de cómo estoy cuando veas que dejé de estar.

Ya es tarde.

Y sí.

Muy tarde.

Quieres verme sufrir

Yo puedo entender perfectamente que la idea de comprometerte conmigo te haya resultado bastante responsabilidad para invertir.

Claro que lo comprendo.

Pero, para ser sincera, después de patalear me acostumbré tanto a tus ausencias que, de a poco y sin darme cuenta, se me fue haciendo humo este berrinche.

Y ahora pretendes que vuelva a darte lo que te daba. A ser como era antes, al inicio de no sé bien qué cosa. A demostrarte lo que te demostraba.

Ahora resulta que extrañas mis demandas. Mis escenas de inseguridad.

Mis planteamientos infantiles.

Mi necesitad imperiosa de llamarnos de alguna forma. Mi angustia esperando al teléfono.

Mis lágrimas y mis celos. Mi temor.

Mis miedos y mis dudas.

La cotidianidad que te pedía. La rutina.

Tú quieres verme sufrir como antes.

Porque ese era el motor que te daba la libertad para quererme desde arriba, con los dos pies fuera de mi alma. Con la certeza de que iba a seguir pataleando por ese chupetín que creía que solamente estaba en tu bolsillo.

Pero un día se me fue el hambre.

Y tu distancia me dejó ver que en el mundo hay miles de bolsillos reventados de golosinas.

Y que sentirse amado es tan hermoso como poder amar. Lo lamento mucho.

Me cansé de querer a una pared que, de vez en cuando, se transformaba en un jardín de cinco flores, con un poco de césped. Cualquiera con un poco de dignidad se aburre de ese paisaje pobretón.

No tengo mucho más para decirte.

Yo tampoco me imaginé cuál era mi límite.

Al fin y al cabo, regalaste lo nuestro estratégicamente al azar.

Y se ve que tanto jugaste a perderme que esta vez te falló la suerte y te ganó la banca.

Tampoco

Te amo y a mi amor no le basta con no tener el tuyo de regreso.

Y ni siquiera valora tu ausencia como motivo para dejar de hacerlo.

Ni el dolor que me causa tu sonrisa en otra boca.

Ni las mañanas sabiendo que despiertas abrazado a otra cintura.

Ni saber que no vas a ser tú quien limpie mis heridas.

Ni tampoco quien me espere al final de la cinta de llegada.

Ni quien me espere un solo domingo de lluvia.

Ni tampoco en los de fiesta.

Ni que seas tú quien comparta mis sueños infantiles. Sin embargo, y sin mi consentimiento, yo te amo.

Te amo así, como el viento golpeándome la cara.

Como si la vida me acusara de no estar haciendo lo correcto. Como si la muerte me esperara en desventaja.

Quebrada. Sin fuerza. Triste.

Apagada. Rota.

Con la certeza de que lo evitaría si pudiera. Con la impotencia de saber que no todo lo que siento lo decido. Con la convicción de seguir como puedo.

De a partes. De a pedazos. En trozos.

Con la esperanza de saber que en la marcha voy a darme de cara con mi recompensa.

Por eso sigo.

Y siempre sigo.

Acá, detrás de mi corazón, moviéndolo como puedo.

Bésame la herida

No termino de darme cuenta qué parte de la situación no logras entender. No estoy bien.

Y cuando uno no está bien, las cosas que necesita son tan simples que me da vergüenza tener que aclarártelas.

Date cuenta de que tienes enfrente a una pibita de cuatro años que tiene miedo de dormir sola. Si puedes, imagínate que la mataría esa desolación.

Puede que con una mano se duerma. Puede que con una canción se duerma.

Puede que con un beso en la frente y una mano en la cabeza se duerma.

Puede que con un abrazo se duerma. Puede que con una caricia se duerma. Y deje de llorar.

Y deje de extrañar.

Y deje su tristeza a cambio de un suspiro que la saque de ahí. Y ya sin miedo.

Y sin tanta soledad.

Y sin el recuerdo torturante de la falta de su muñeca, puede descansar.

Sentir paz.

A veces pienso que no te das cuenta de lo fácil que es hacer sonreír a una pibita triste. Y, entonces, sumada a mi tristeza, la duda de no saber si tú tampoco me vas a querer.

Soy una sumatoria de abandonos que de vez en cuando duelen un poco más. Y cuando huelo que tú también me estás dejando, a veces, simplemente cuando ni siquiera me miras, vuelvo a ser esa pibita. Actúo como esa pibita. Tengo miedo como esa pibita. Me encapricho. Y lloro como esa pibita.

Me cuesta darme cuenta de cuánto me duele. ¿Qué parte de la historia no entiendes?

Bésame la herida.

Es simple. No me digas nada. No me quieras hacer entender porque no me interesa.

Afecto. Necesito afecto. Acúname.

Cuéntame un cuento.

No me hables como si ahora fuera yo, porque no lo soy. Hoy soy esa pibita.

Y tengo cuatro años.

Y miedo a que te vayas.

Y que alguien me apague la luz. Y que me quiten a mi muñeca.

Y temblando no estoy pudiendo dormir.

¿Qué parte no entiendes?

Libre

Decirte todo y absolutamente todo lo que me pasa contigo. Y contigo. Y contigo.

Y también contigo.

No para sentirme valiente. Sino para sentirme libre.

Hagan lo que quieran

Me supe salvar del dolor que a veces y casi siempre me genera el mundo, recurriendo al mío propio, eligiendo salirme de esos lugares intoxicados de violencia y con egos hambrientos que desfilan por las pasarelas donde no habitan ojos disponibles para almas ajenas.

Yo me voy de donde quiero, cuando quiero y a donde quiero. Porque entendí que es mentira que uno es preso de un sistema mientras tenga el propio. Y cuando pude definirlo, cuando pude ponerle letras, palabras y darle lugar en cada una de las partes de mi cuerpo, supe perfectamente que siempre iba a tener una casa donde dormir.

Mi lugar de descanso. De huida. De paz.

Donde puedes darte cuenta de que tan solo con rodearte de personas que te hacen bien al corazón alcanza y sobra para irse de donde nos hace mal quedarnos.

Yo vuelvo a mí porque en mí está lo que necesito.

Un libro, un café, la gente que me hace bien; la mirada obsesiva hacia las mariposas que todavía me da pudor tocar y la certeza de saber que acá dentro nadie me dice lo que tengo que hacer porque, aunque les preste la cara para escuchar sus indicaciones, el latido de mi corazón hace ruido, es más fuerte y me distrae.

No me importa. No los oigo. No les presto atención. Me voy a la luna.

Es casi mi secreto. Digo «casi» porque intuyo que algunos

se dan cuenta, pero no me interesa para nada. Además, los otros están contentos.

Yo sigo volando en mi país de las maravillas, el que a cada rato intentan dinamitar para arrastrarme a su propio agujero negro para acompañarnos en sentimiento.

Y sí. Yo les pongo cara de que sí. Tampoco quiero perder mi tiempo convenciendo a nadie. Cada uno elige su viaje y cómo quiere vivirlo.

Por eso, no me desgasto más. Sigan.

Hablen. Agredan. Descarguen.

Estén en contra de todo. Hagan lo que quieran.

Pero sepan que quien ya eligió su manera de vivir la vida y, para colmo de sus males, la pasa bien, es inquebrantable.

Los que aprendemos que, cuando el mundo está oscuro, todavía podemos iluminar nuestra parte, a veces, y, por eso, ni siquiera respondemos.

Me toca a mí

Te diría que hace no tanto pude descubrir el secreto de mi encanto. Eso que hace que no me pierdas de vista o, al menos, que tú no te pierdas de la mía.

Rebobinando escenas, te recuerdo llegando desesperado, casi siempre buscando un poco de comida y sábanas limpias donde apoyar tus heridas. Recuerdo tu mirada tierna, esa que ponías cada vez que me acariciabas la cabeza mientras suspirabas, como si tuvieras sobre las piernas un tesoro que ni siquiera te importaba tocar.

Las llamadas de domingos lluviosos en los que, al abrir la puerta de tu casa, que nunca supe dónde quedaba, mirabas de frente a la soledad.

Nunca soportaste estar contigo. Ya lo sé.

Y así transcurrían los encuentros, cargados de un cariño tremendo del que te costaba despegarte, preguntándome, cada vez que cruzabas la línea de mi casa, si estaba contenta de verte otra vez.

«No me dejes» era algo que me repetías como un mantra, sin bajarme la mirada cada vez que te ponía la mano en la cabeza. Era como una amenaza sutil, perversa y hermosa que a mí me bastaba para confundir tu necesitad con amor.

Hoy que me toca a mí (ya hace rato me tocaba). Intuyo que vas a volver cuando se te acerque la hora de regreso a donde no quieres estar. Y después de mucho tiempo y muchas pruebas en la mano, yo ya lo pensé.

No.

Esta fidelidad de una sola mano, a prueba de balazos, no es normal si, cuando a mí me toca, termino dándome la vuelta a mí misma.

No me busques más.

Se ve que estás equivocado.

Volé

Cada vez que me empujabas, inevitablemente me caía. Esa última vez me adelanté un poco y me tiré yo sola. Volé como nunca.

Fue hermoso. Sí, volé.

Y acá estoy, volando.

Por eso no vas a verme nunca más.

Vemos

No voy a hacer más nada.

Voy a dejar de alumbrar porque tengo la mano cansada de ponerle luz a algo que no te molesta mantener a oscuras.

Decido moverme para darte el espacio que necesitamos los dos y ver qué queda de nosotros sin mi esfuerzo para sostener esta historia.

Yo no tengo ninguna duda de que, frente a mi simulacro de muerte, lo primero que vas a hacer es replantearte tu vida.

Pero si yo no me voy, tú te quedas. Y ya aprendí que, quedándote, no me garantizas que estés. Todo lo que me das son reacciones frente a mis demandas. Me aburro de golpear la mesa y estoy grande, estoy para otras cosas. No tengo mucho tiempo más para regalarle mi amor a alguien que a veces ni siquiera atina a abrir el paquete.

Entiendes lo que te digo. No es muy complicado.

Quiero ver si te caes si yo te suelto, y entonces voy a darme cuenta si lo único que pasaba era que estabas agarrado.

Quiero descansar. Destapar la botella, estirar los pies sobre la mesa, no esperar más nada que me dé palpitaciones inmundas y seguir caminando, disfrutando el paisaje.

Te voy a soltar.

Sin previo aviso.

Yo te voy a soltar, mi amor. Voy a dejar de entender.

De suponer. De adivinar. De anticipar. De poner.

De dar. De remar.

Cúrame

Y entonces vamos a ver si alguna vez hubo un nosotros o si todo fue cuestión de un capricho infantil deseando un corazón equivocado.

Te suelto. Me suelto. Respiro. Y vemos.

No te contesto porque no quiero

Por suerte un día aprendí que hay gente que tiene la necesidad de ser agresiva como modalidad relacional.

Ser sincero, ser directo, ser real, nada tiene que ver con ser violento. Nada.

De hecho, todos los discursos pierden su eje cuando se manifiestan con mala onda, con actitudes prepotentes y soberbias, dejando de manifiesto que no defiende una postura o una idea, sino que necesitan descargar de forma bien visible.

Con esa gente no se puede. No se discute.

No se le dedica tiempo. No quiero.

Porque no le interesa tu opinión.

Más profundo aún, no le interesa más que escuchar su propia voz fuerte. Bien fuerte.

La necesidad es la de evacuar su resentimiento mal resuelto. Para entrar en ciertos mundos hay que irse de otros.

Es la única gente con la que me reservo el derecho de decir: «Contigo no tengo nada que hablar, simplemente, porque no estoy a la altura de tus circunstancias».

Por suerte.

Basta, por favor

Me cansé de ladrarles a tus miedos para ver si se asustaban. No tengo más ganas de insistirles a tus dudas para que reaccionen. Tampoco quiero gastarme la lengua con mi propio discurso para ver si entiendes lo que yo te estoy pidiendo que sientas.

Estoy cansada de no coincidir en esos viajes que te haces a un pasado doloroso; que te atan a las cuerdas de tu jaula mientras yo vivo sacando pasajes a un futuro cargado de ilusiones de un nosotros que, cada tanto, parece posible.

No me llames más al número donde te atiende mi boca si sabes que vas a colgar la llamada cuando te responda.

Terminemos esta batalla en donde parecemos enemigos tratando de ganar puntos para su propio ejército de motivos al buscar quién de los dos se lleva la verdad como herencia.

Basta, por favor. Basta.

La culpa es intentar. Es probar yendo despacio. Es movernos de lugar para ver dónde nos sentimos mejor. Es pagar un peaje que no vamos a usar por no poder coincidir ni siquiera en subir a la misma ruta.

No me expliques más que no se puede mientras me pasas la mano por la cintura y me miras con los ojos deprimidos para hacerme creer que estás haciendo lo que te toca porque no queda otra.

No me pidas más mi corazón para clavarle los dientes y devolvérmelo cada vez más gastado. Podrido. Envenenado.

Déjame ir de una vez y si ves que no puedo, si ves que se me hace difícil, entonces ciérrame las puertas y las ventanas de tu cuerpo, pon, de una vez, el punto que yo transformo en coma y, simplemente, dime: «Yo no te amo». Permíteme que me duela. Dame el beneficio sincero de tu abandono para que pueda agotar las lágrimas y, después, empezar otra vez.

No me confundas.

Merezco que me sueltes. Que no me uses como el desagüe de tus penas más profundas. Que me dejes. Que me abandones. Que te pierda.

Y si acaso ves que no me alcanza, te pido que me cortes las cadenas que yo no puedo. Tengo las manos atadas con promesas que nunca van a ser ciertas.

No me importa que me quieras

Me quieres a mí. Claro que lo sé. Me quieres a mí, pero no a nosotros. Es por lo que tus «te quiero» significan poco para mí, a veces nada y otras tantas son una espina en el medio del pie, que me clavan al verde y no me dejan avanzar.

No me sirve que me quieras. No me basta.

No me importa si no hay nosotros en tu boca ni en tu pecho. No me quieras por quererme.

De eso no me falta.

Cautiverio

Me puse en cautiverio en razón de repararme sin ningún disturbio que me interrumpa.

Este último tiempo las cosas —las mismas cosas a las que el resto de la gente acostumbra sin sentir nada incómodo al respecto— no salieron tan bien como me imaginaba. Fueron distintas.

En cuanto a mí, las cosas son distintas. Porque para respirar aire puro, necesito separarme de las personas y de los hechos que golpearon la puerta de mi casa de forma intempestiva y violenta.

No quiero acostumbrarme.

Por eso, de vez en cuando, busco mi derecho a volver al punto de partida. No al que construí ayer. No. Me refiero al que ya soñaba de chiquita.

Es increíble cómo reconozco mi mirada intacta, un poco melancólica y nostálgica, de mi foto infantil. No pasó el tiempo. Acá, dentro de mí, no pasó. Entonces voy a ese encuentro que cada tanto me aísla y al mismo tiempo que me une de manera irrompible conmigo misma.

Es un reencuentro muy emotivo. No quiero ruidos.

La gente molesta. Interviene.

Invade. Miente.

A veces, te distrae de tu propio latido.

Yo decido exiliarme para después volver.

Como lo hago cada vez que una herida empieza a sangrar.

Cúrame

Ya comprendí que para entender basta mirar. Animarme a quitarme las vendas de los ojos y no justificar nada que atente contra mi propia esencia.

Yo estoy patituerta y lo sé. Pero también sé que la única forma de volver a tener los dos pies en equilibrio es tenerme a mí.

A mí.

Las fisuras me van rompiendo, pero las tengo que transitar para ver cómo se mueve el humo y pasa al otro lado del vapor.

Y esto es lo que me pasa hoy.

Sé que tengo deberes, cuentas pendientes medio jodidas. Lo sé. Pero también sé que hasta que no los cumpla no voy a estar en paz.

Por eso me guardo un rato.

Tengo que terminar de resolverme.

Me va a doler un poco y por eso lo postergo.

Pero, si no lo hago, sé perfectamente que me estoy postergando a mí.

Y ese dolor va primero en el podio de los dolores. Todos sabemos que es así.

Claro que duele

A ti, las fichas se te van a caer cuando mires a los cuatro costados y no me veas más.

Y te acuerdes.

Y te arrepientas. Y me necesites. Y me extrañes. Y te culpes.

Y te coma el remordimiento. Y la angustia.

Y la melancolía.

Y te corra el pasado, el presente y la muerte del futuro. Y te mires las manos llenas de abrazos que no me diste.

Y la boca asqueada de tus propios besos, esos que vas a tener que tragarte.

Y cuando la memoria te reviente la cabeza. Y los recuerdos te chupen el aire.

Y las noches sean de insomnio. Y los días sean todos lluviosos.

Y que, cuando tu teléfono suene, no sea yo quien te esté llamando.

Y cuando tu soledad ya no encuentre mi compañía. Y la bronca te camine por toda la sangre.

Y sientas tristeza.

Y mi ausencia sea una espina que te clavaste tú mismo en el medio de tu propio pecho.

Tú vas a sentir que fuiste tu propio enemigo.

Que fue tu descuido, tu propio mundo y tu cobardía. Vas a perder muchas lágrimas.

Cúrame

Y acaso tampoco encuentres tu mirada. Tú vas a sentir vacío.

De los que no se llenan. De los que hieren.

De los que casi matan.

Va a ser así como te cuento. Yo ya lo sé todo.

Porque yo ya lo viví.

Y duele. Sí. Claro que duele.

Tú no

Hay gente que saca lo mejor de uno. Tú no.

Entonces me ves, cada tanto, actuando ante tus ojos de forma inédita y te preguntas por qué soy diferente, y quizá en otras cantidades, en otros cuerpos o en otros nombres.

Por supuesto que soy la misma y no es que me esté poniendo distintos modelos de ropa según la ocasión. Es que hay costados que se levantan solamente cuando alguien los despierta. Y tú me los despiertas sin aviso y a la fuerza.

Tu violencia me da miedo; entonces, de susto, te pego el mordisco.

Las emociones son contagiosas, es un dato que deberías manejar. Y si tú me tratas mal, si me juzgas, si me atacas, si me mientes, si me usas, si me pasas por encima, yo me quiero ir de donde tú estás.

No me dan ganas de quererte.

No me da la cara para sonreír y tragarme nada.

Hago como me enseñó mi mamá desde que era bien chiquita. Me levanto de la relación y me voy.

De chica, con más energía y menos fisuras, te discutía un poco más. Entonces lo peor de mí se alimentaba y me enojaba más conmigo que contigo.

Ahora, ¿para qué? Si yo me prefiero en mis mejores huecos; en mis lugares más limpios y nobles; en la alegría y la bondad.

Entonces, ya está.

Cierro la puerta de mi corazón en esas calles donde la gente lo empuja y decido abrirla donde es bien recibido y cuidado.

Lo que pasa es que me encanta elegir.

Ese fue el mejor regalo que me dejaron sobre la mesa todas mis pérdidas y dolores transitados.

Querer quiere cualquiera. No siento que sea un privilegio que tú también lo hagas. Quizá por eso yo no lo valoro y quizá por eso tú pataleas. Cuidar es un don que te toca y que puedes perfeccionar si tienes ganas. Yo prefiero que me cuiden.

Y en cuanto a mi propio costado espantoso, lo dejo descansar en paz.

Revancha

Eras magia cuando la realidad me dolía en la cabeza. Y te recuerdo siendo mi escalón cuando no llegaba a donde quería estar. Y de repente eras todas mis amigas cada vez que necesitaba un par de pies para ponerles la goma y poder saltar.

Y tantas veces te vi ser el príncipe más hermoso: cuando eras capaz de recorrerte el planeta con tal de buscar el zapato que me hacía falta para poder caminar. Y también fuiste mi almohada cuando necesité dormir mi angustia por un buen rato. Y ni hablar de ser la risa que no encontraba cuando la frustración tocaba a la puerta de casa. Y el mejor remisero, el que me iba a buscar a cualquier hora de cualquier lugar, sin interponer la duda como peaje. Y también fuiste la razón para querer volver, simplemente para contarte cómo me había ido. Y los ojos que me miraban cada vez que no tenía quien lo hiciera. Y la palabra amorosa cuando más la necesitaba. Y mi mejor cómplice cada vez que precisaba de alguien para hacer un buen lío. Y fuiste la mano en la espalda que me empujó a volar. Y el sonido de mi voz cuando no pude defenderme. Y el beso en la frente que me hacía sentir a salvo de cualquier tormenta. Y el chiste malo y repetido en el medio del dolor de mi separación. Y fuiste juguete cuando quería jugar. Y maestro cuando necesitaba aprender. Y alumno cuando te pedía que me entendieras. Y mi enfermero. Mi psicólogo. Mi cocinero. Mi ángel guardián. Mi payaso. Mi contable. Mi incondicionalidad eterna.

Amor... Sobre todo, fuiste amor, pa. ¿Si te busco? No. Acá te tengo.

¿Que si te extraño? Sí, como una loca.

¿Que si tengo algo pendiente? Sí. Haberte amado más. Haberte cuidado más. Haberte agradecido más.

¿Que si pienso que es tarde? No. Eso jamás.

Todos los días me tomo la revancha. Y entonces sigo. Siempre sigo.

Pájaro que comió, voló

Nunca antes me había dado cuenta de que la forma de irse delata al corazón mucho más que la llegada. Con la llegada, uno siempre, en cualquier tipo de vínculo que le importe construir, necesita conquistar la mirada del otro. El tiempo del otro. La atención del otro.

El amor del otro.

Y en este propósito da lo mejor que tiene. Y, muchas veces, como no lo tiene se lo inventa. Se disfraza de lo que el otro necesita para sentarse en la silla del que es capaz de dar lo que le falta. Y ahí está: manejando los hilos de su propia necesidad a costa de lo que el otro no decide.

Engaña. Traiciona. Miente.

Y uno, un poco incrédulo, confiado y con los valores de la vida un poco más evolucionados, no sospecha. No por boludo. No sospecha porque ni siquiera en el imaginario cabe la posibilidad de tanta estupidez humana. De semejante desgaste de energía, simplemente, para alimentar un ego muerto de hambre.

Cumplido el objetivo, se retira, y solamente cuando se retira uno entiende la película.

El modo de irse de alguien dice mucho más de ese alguien que el modo de acercarse. Porque cuando se va, ya comió. Ya no te necesita. Y ahí es cuando se ve su verdadera esencia.

A veces hay que esperar el final para tener el rompecabezas montado sobre la mesa. Pero otras tantas se puede adelantar.

Puedes adelantar la historia y darte cuenta si se queda por hambre o si, también, cuando tiene la panza llena.

No todos los pájaros que comen vuelan. Muchos se quedan a compartir el nido y, de paso, a devolver la gentileza. Pero si te toca uno de esos, es mejor que apures la cena y veas qué hace después de estar bien llenito.

Solamente acá

Pegué el salto del desapego cuando, en vez de pretender entender al otro, di vuelta a la moneda y trabajé mucho para poder entenderme a mí. Las horas invertidas en intentos de deconstrucción de la conducta del otro pasaron a ser horas al servicio de mi propia construcción.

Ganancia inexplicable.

Ahora, no sé por qué el otro hace lo que hace, pero sí sé perfectamente por qué me lo dejé hacer a mí.

Un peaje sin coste que me permite pasar del barro ajeno al propio. Y es solamente acá donde puedo empezar a poner piso.

Solamente acá.

154

Vuelo

Eres el palo en la rueda. La piedra a mitad del camino. El pie que aparece siempre y cada vez que intento avanzar. La bronca que no resolví. El testimonio vivo de que la involución más triste es la que tiene que ver con la incapacidad de soltar el resentimiento.

¿Que si me haces caer? No, no me caigo. A veces me freno y trato de buscar recursos de esos que creo que me faltan para sortear la vehemencia de tu dolor inconcluso.

Y entonces le pego la vuelta a lo imposible y en medio de las vallas que intentan encerrarme saco conejos de una galera que no sé ni dónde estaba. Hago dos veces magia.

Primero, a fuerza de sacarme tu mano de la cabeza, crezco. Cada vez que te saco de encima, crezco. Me hago más alta. Más grande. Más yo. Y solo entonces, después, me doy cuenta de que pude. De que cada espina tuya en los pétalos que intento sacar en cada primavera me impone la tarea de esquivarlas. De atajarlas. De frenarlas. Pero si acaso tu pinchazo llegara a tocarme y me mostrara tu propia sangre, lo que tuviera delante sería aún mejor.

Cicatrizo. Cierro la herida. Me coso el tajo. Hago algo que nunca supe hacer, pero se me impone aprender.

Me elevo y vuelo. Y cuando me veo aletear asumo felizmente que tengo lo que necesito dentro de mí.

Gracias a tus piedras, pero también a las mías.

Y una vez que sabes que puedes volar, ¿sabes lo que te pasa?

Vuelo

Pierdes el miedo. Sueltas la dependencia. Te crecen alas todo el tiempo. Y se te impone la tarea hermosa de ir buscando un cielo para derrochar tu libertad.

Sí. Todo eso pasa después de superar tormentas que oscurecen por un rato tu paisaje. Te reinventas.

Naces a cada instante. Te superas.

Crees en ti. Confías en ti. Magia pasa. Magia.

Llegué muy temprano

Cuando frené pude darme cuenta de que estaba queriendo cruzar un puente al que todavía no había llegado. Lo vi de lejos. Lo vi. Y entonces me desesperé por miedo a que se destruyera. A que alguien viniera y me lo sacara, y corroborara que no era un espejismo producto de mi deseo un poco hambriento.

Y entonces corrí, me tropecé y me caí. Me lastimé. En algunos tramos me fui arrastrando para no perder el tiempo.

Me atosigaba el miedo a que me sacaran el regalo de las manos. A que se me hiciera tarde para llegar y que estuviera cerrado.

Y me apuré. Me apuré mucho. Respiré mal. Me fui desdibujando con los pasos rápidos y bruscos que iba dando.

Quise poner todo sobre la mesa antes de tener una mesa. Lo di todo. Me di toda. Con el corazón en la mano por si quedaba alguna duda de lo que valía. De lo que yo valía.

Yo quería que me esperara. Que me viera.

Que conociera mi mirada antes de mirarme a los ojos. Y así fue.

No llegué tarde. Llegué muy temprano. Demasiado temprano. Y ahora estoy acá parada. Esperando que abra. Que alguien me vea. Que me vengan a hacer compañía. Que me traigan una manta porque tengo frío.

Y no hay nadie. Estoy yo sola.

El puente está cerrado.

Y no fue porque llegara tarde. Llegué muy temprano.

Llegué muy temprano

Tan temprano que ni alcanzaron a sacarme el caramelo de las manos. No había caramelo. Yo tenía hambre. Y me apuré tanto que no di tiempo ni espacio.

No había nadie. No hay nadie.

No creo que vengan.

Llegué demasiado temprano.

Y tengo hambre. Un hambre que otra vez más no va a saciarse. Los ojos también mienten. Y uno ve lo que desea que suceda. Entonces el dolor pega dos veces.

No por tarde. Por temprano.

Qué le hace una mancha más al tigre

Sí, claro que una mancha más hace al tigre. Lo hace y lo agota. Y ya no porta la primera como las que vienen. Y no resiste con la misma fuerza ni silencio. Ya no calla como hacía al comienzo de los tiempos cuando aún estaba tierno y manso.

Ya le duele la piel de tanto que se la tocan. Y cuando lo ve venir, trata de esconderse. De evitarlo. De huir.

Y a poco de mirarlo, se le ve la cara de fastidio cuando muestra los dientes.

Y ya sabe que, si se descuida, es capaz de morder la mano que lo toca.

Porque no quiere más. No puede más.

No soporta que lo toquen. Si no es una caricia, duele.

Y ya conoce el peso de la mano que está por apoyarse en su piel. Y entonces, para no morder a quien creía que venía a curarlo, le da la espalda y se va.

Si la mano que ve venir solo puede manchar... Si la mano que ve venir no puede curar...

Si la mano que ve venir no es la magia que espera, entonces muerde.

En el mejor de los casos, muerde. Y si no, solo se va.

Pero antes lloraba

Sé que a veces me pongo demandante. Y pido. Y exijo. Y te explico. Y si las cosas las siento pobres, chiquitas, prefiero compartirte mi sueño soñado. La imagen que tengo. Cómo te imaginé. Qué quiero. Qué deseo. Qué me molesta. Qué elijo.

El valor de todos mis síes y el de todos mis noes. Sí, lo sé perfectamente: demando.

No voy a defenderme de algo que no me ataca. Porque estoy contenta. Y me llevó años conocerme y saberme entera. Algunas noches de revolución. Muchas de angustia atravesada que tuve que aprender a nombrar a la fuerza. Y entonces hoy puedo plantar la bandera de lo que me hace bien. La fortaleza de animarme a decirte cómo quiero lo que quiero. El amor propio suficiente para escuchar tu verdad y agarrar el bolso si no es a tu lado donde voy a quedarme.

Sé que demando. Pero antes lloraba.

Me daba la mano contra la frente.

Le contaba a cualquiera, menos a ti, lo que quería contar. Me preguntaba respuestas.

Me respondía preguntas. No estaba bien.

Y ahora que pude y puedo hacerlo, decirte me acerca a donde quiero estar. Es un boleto en medio de la nada. Y lo voy a usar.

Tengo los remos. No tengo miedo de caerme al agua. No. No tengo miedo.

Si supieras las veces que me caí, no lo podrías creer. Y no me ahogué.

Acá estoy. Sobreviví.

Y todo esto que te digo, te lo digo sin vergüenzas ni vueltas, es el salvavidas que tardé años en construir.

No me lo voy a sacar.

Una cosa es estar preparada para caer y otra muy distinta es tirarme de cabeza sin saber si voy a poder nadar.

Si me caigo, estoy preparada. No estoy enojada.

Aprendí a cuidarme.

Aprendí a querer que me cuidaran. Y sí. También te quiero cuidar.

Pero no a la fuerza. Nada a la fuerza.

No te voy a luchar.

Si tú quieres, yo te cuido. Pero solamente si tú quieres.

Me duele el mundo

Duele el mundo cuando el otro sabe y aun sabiendo no le importa nada.

También duele cuando sigues viendo que a falta de recursos emocionales, se empachan con los tuyos, te mienten como estrategia y te joden para aplaudirse, sin poder entender que, aunque duerman tranquilos, para poder hacerlo tienen que jugar a ser otros. Hacer de otros. Disfrazarse de otros.

Pobre gente. Carente de valores y de amor propio.

Dan la pena que ellos sienten como la bandera del orgullo.

Pero se engañan y todavía no lo saben.

Y van cantando que el éxito es su defensa, pero llegan a su casa y no los reconoce ni el perro.

Tristeza. Vergüenza ajena.

Solos. Bien solos que, paradójicamente, evitan la soledad para no chocarse la cara frente al espejo y que se les caiga el personaje en el suelo de un baño abandonado.

Y entonces consumen lo que haya con algo que les dé identidad para poder tapar vacíos con olor a nichos.

Se creen importantes porque ocupan lugares pisando cabezas. Y lo que más les importa es saberse capaces de pisar cabezas y no ocupar lugares que no se merecen.

Espacios robados.

Cómo no va a doler si uno termina creyendo que cuando alguien te responde un mensaje te está escuchando con amor y ni siquiera se tomó el tiempo de escuchar tu voz.

Y después un día se va como vino, simplemente, porque nunca estuvo.

Mundo enfermo.

Horas atrás de un cuadrado hablando contigo, con veinte, da igual.

No les importa el vínculo, porque no tienen con qué sostenerlo. La gente duele cuando interviene el tramo de una acción generosa y le encuentra la vuelta perversa para sacar algo del cajón. Duele el mundo lleno de pibitos mirando una pantalla mientras no se dan cuenta de que tienen un mar, un cielo y un sol. Ya no les importa el olor a hierba. Tampoco el silencio como refugio.

No se quieren refugiar dentro porque no están construyendo nada.

Igual que los padres.

Duele el mundo cuando lo aprenden de nosotros. De los grandes. De los adultos.

Cuando nos ven hechos pelota porque nos duele el mundo y, sin embargo, nos miran quietos.

Ausentes. Anestesiados. Idos.

Y, mientras tanto, ellos, huérfanos de algo que les haga creer que las heridas del alma no se curan con sal.

Se curan haciendo algo distinto. Algo hay que hacer, urgente, para que deje de doler.

Un poco. El mundo.

A veces

A veces lo único que se pierde cuando se suelta es la ilusión.

La ilusión de todo un repertorio de deseos puestos en una historia que no los alimenta.

Son ilusiones delirantes. Empujadas desde dentro.

Vacíos que golpean, que se intentan llenar con algo que no está. Con alguien que no es.

Un poco de locura, capricho y necesidad.

Uno no larga por miedo a verle la cara al dolor. A la angustia.

A la nada. A la verdad.

Y sí. Para qué mentir.

Pero también es cierto que quizá y a veces no vas a atravesar un duelo, sino una batalla. Porque un duelo necesita de dos. En cambio acá se trata de ti, contra todos tus deseos.

No hay nadie más que tus fantasmas revoloteando y comiéndote un poco las tripas.

No es un duelo. Es una batalla.

Entonces empieza a ir hacia dentro.

Tanto gritas que no quieres repetir la historia de tu vida, que la estás repitiendo una y otra vez.

Una y otra vez.

Cruza la vereda del exterior y mete la mano dentro. Ya sé que no es fácil.

Bastante trillada está esa frase.

A quién le importa si es fácil o difícil mientras se te pasan

los días, la vida con la garganta vuelta un nudo imposible de
desatar.

Que no te defina la mediocridad de lo difícil o lo fácil. Que
te defina el dolor.

Esto me hace bien, me quedo. Esto me hace mal, me voy.

No es fácil. Ya está. Ya lo dijimos todos alguna vez. Todos
nacimos con esa carta en la mano y la jugamos más de una vez
en todos los juegos que se nos aparecen.

No. No es fácil.

¿Y qué? Mira cómo estás ahora. Fíjate. Anda a mirarte.
¿Eso es fácil? ¿Eso es lo más sencillo?

La diferencia entre un duelo y una batalla es que uno nos
sumerge en la angustia y el otro nos pide fuerza. Valor.

No. Por supuesto que no es fácil. Si así lo fuera, no habría
batalla. Bienvenido al club.

Tu propio océano

Algunos crecen apoyando la mano en cabezas ajenas, incluso y muchas veces de gente que admiran. Se les rompe el narcisismo en cada logro de una meta que también ellos añoran.

No es maldad.

Es incapacidad emocional.

Se defienden de sus propias inseguridades atacando el crecimiento del otro. Es una pena.

Mirar a los costados sirve mucho para crecer.

Para ensanchar. Y sobre todo para contagiarse de esa luz que no todos tenemos puesta en el mismo lugar.

Creo que el autoconocimiento debería ser parte de la cadena básica de alimentos. Aceite, sal y saber quién soy. Potenciar mi camino y entonces festejar cuando al de al lado le va bien, porque eso de ninguna manera quiere decir que a mí me tenga que ir mal.

Yo de chiquita aprendí a pintarme los ojos, sentándome al lado de mi mamá. Ella nunca me dijo nada. Yo solo la miraba.

Su espejito. Sus pinturas y su forma de hacer milagros en un ojo recién despierto.

Ella tenía un gran talento para hacerlo. Y yo nada. Solo la pasión de querer lograrlo.

No son la misma cosa.

Algunos pueden y otros quisieran poder.

Algunas cartas están marcadas. Y asumirlo nos lleva a tomar grandes decisiones.

Podemos aprender mirando. Pero esa mirada tiene que ser contemplativa. Amorosa.

Nadie aprende con envidia ni con odio, y mucho menos con resentimiento.

Admirar es un puente. Hermoso puente.

Envidiar es un pozo ciego. Por más que quieras lo que el otro tiene, no solo eso, sino que además necesites aniquilar su bienestar, esto no te trae de regreso un talento que no te pertenece.

Busca tu propia luz.

Empieza dejando ver cómo brillan los demás.

En serio. La felicidad ajena, muchísimas veces, es tu propio motor.

No te lastimes. No lastimes.

No se puede ser flor mirando cómo el otro riega sus semillas. Fíjate en cómo lo hace.

Que mirar con amor también es aprender.

Dale. No quieras ser gota que rebose en un mar ajeno. No le suma a nadie. Y mucho menos a ti.

Dale.

Mírate y empieza a vivir para construir tu propio océano.

No te vayas

Yo quiero verte los ojos emocionados al verme llegar. Y que el primer lugar donde paremos sea en la hamaca de cualquier plaza. No me alcanza con sentarme a contemplar. Yo quiero que me empujes, que me hagas volar bien alto. Que te rías cuando me oigas gritar. Que no pares si me ves llorar. Casi siempre lloro cuando soy feliz en exceso. No te asustes. Tú sigue. No te canses de hacerlo nunca. Que solo me traigas de vuelta a la tierra para darme un beso en los ojos. Y también en la boca. Y me agarres la mano y me sigas mirando. Y me lleves al banco para poder acostarte dentro de mi abrazo. Y que el silencio lo diga todo. Lo escuche todo. Lo sienta todo. Yo quiero que te quedes. Que me busques. Que me esperes. Que me prometas que no habrá relojes ni sirenas, ni razones. Que hagas magia con el tiempo y lo hagas desaparecer al menos por un rato. Yo no quiero que te vayas.

Ni tampoco que me olvides. Ni que los días nos separen. Y la distancia nos pierda.

Yo quiero que tu pecho sea mi almohada. Tu risa, mi recreo. Y tu presencia, mi consuelo.

Yo no quiero que te vayas. Que me dejes. Que me sueltes. Yo nunca pierdo lo que encuentro.

Y créeme que a ti te venía buscando hace un montón de años.

No te vayas.

No te sueltes. No me dejes.

Cúrame

Ya sé que somos grandes. Pero, muchas veces, vuelvo a tener cuatro o cinco o seis.

No me obligues a crecer. No te vayas.

162

Adultos que son niños

Hay niños que hacen de su infancia un tobogán y dos hamacas. Que prescinden del valor del tiempo porque descansan a sabiendas de que el reloj lo maneja otro. Que tienen licencia dorada para meter los dedos en el enchufe, porque hay más de dos ojos, que miran cuidando y previniendo que la travesura no llegue a destino.

Son niños que fueron niños.

Que la única responsabilidad asumida y llevada con orgullo fue la del juego.

Jugar y hacer lío. Explorar. Reír a carcajadas. Comer lo que les servían. Y abrir los brazos como un muñeco, para que alguien muy alto les ponga una chaqueta sin preguntar.

Niños que fueron niños.

Y también están los otros como tú.

Que te tocó ser un niño adulto. Que a falta de quien te cuide tuviste que salir a cuidarte a ti mismo, sin hacer demasiado ruido para no molestar a quien no podía ni siquiera pegarte un grito.

Padres no disponibles. Ausentes.

Procesando sus propios duelos.

Lo que sea. Lo que pudieron. Muy poco. Casi nada. Y entonces tú no solo te hiciste los deberes del colegio, sino que también les hiciste los deberes de la vida: tuviste que cuidarlos a ellos también.

Niño adulto que creciste sin un alma segura de sí misma.

Que tu único propósito fue hacer las cosas bien para que no te dejaran. Para que no te abandonaran. Para que, al menos, no se fueran.

Y con el tiempo las mañas no se te fueron. Y aprendiste que la única forma de que te quieran es dando.

Dando de más. En exceso.

Esforzando. Escondiendo tus necesidades para no sentir el agujero de un nadie que venga a cubrirlas.

Niños sin frazadas.

Sin abrazos ni miradas. Adultos que son niños.

Que dan porque no pueden hacer otra cosa. No porque no quieran. Sino porque no saben.

Porque no tuvieron espacio para decir que no.

Impostores que padecen en silencio, el tormento de pensar que siempre están a un paso de ser abandonados. Otra vez.

Sí. Otra vez.

Y recrean la historia de su vida.

Poniendo el ojo donde no cabe la bala. Con el único intento de resolver la historia inconclusa. No de ahora. La que no cuentan. La que está detrás.

Repiten para resolver.

Para ver si en esta vuelta les toca la sortija que les regale una vuelta por el cuerpo de alguien que los valore.

Un desafío que nunca va a cumplirse. Porque no están eligiendo. Solo repiten.

Y entonces el único camino posible revierte los tantos. Y allí donde hubo ausencia es momento de crear presencia. ¿De dónde?

Desde dentro.

Es momento de ser tus propios padres. Y hacer, lo que en todo caso, hacen los buenos padres.

Ya sé que no sabes.

Y eso es lo que tienes que aprender.

Quizá mirando. Quizá preguntando. O quizá recordando lo que tú les diste a ellos.

Es momento de maternarte. Es momento de paternarte.

Es momento de tratarte como al niño que un día fuiste.

La infancia no vuelve. Es verdad. Pero ese niño está intacto. Tócalo.

Te dije que te quedaras tranquilo

Te dije que te quedaras tranquilo, que yo no te iba a lastimar. «No te voy a dejar», me respondiste, y ahí se cortó la conversación. Y también, supongo, la respiración.

Imagino que después te quedaste dormido apoyado en tus propios huesos. Por mi parte, me tragué el delirio de poder que supuse tenía sobre un corazón ajeno.

Atrevida.

Fue la primera vez que entendí lo roto que me decías estar. Ningún margen de error.

No te queda resto.

Abrir los ojos

Dicen que el tiempo es necesario para alejarte del suceso y ver con claridad qué fue lo que realmente pasó. Pero a veces el tiempo es un día. Un minuto. Un segundo.

Un gesto. Una actitud. Una mentira. Una sola cagada.

A veces una sola cagada es de tal magnitud que lleva en sí misma la claridad que uno necesita para ver el círculo cerrado.

No se necesita más que querer ver.

La distancia no la da el reloj para entender lo que pasó.

El tiempo ayuda para que las cosas se acomoden. Incluso el dolor va transformándose en otra cosa.

Pero, para ver, se necesita abrir los ojos. Y uno los abre cuando está dispuesto a hacerlo.

La mentira del otro siempre es un golpe bajo. Pero el auto-engaño es indigno.

Asumir que alguien te traicionó es aceptar que tus ganas se comieron las señales ajenas. Y eso es evolución. Porque cuando dejas de trasladarle el problema al otro, entonces es momento de tu propio cambio.

Sí, lo que hizo es una mierda.

Pero ¿cuánto de mí hubo para que el otro me sintiera terreno fértil para hacerlo sin culpa ni piedad?

No se agradece el suceso, lógicamente.

Se agradece el aprendizaje que uno puede sacar de ahí.

Quererse es abrir los ojos. Y entonces, después, decidir dónde se puede abrir el corazón.

Cúrame

No todos los lugares tienen buenos anfitriones de corazones.

Algunos creen que sus propias roturas justifican el daño que te pueden generar. Eso es imposible.

Ningún corazón roto tiene la fuerza y el impulso que se necesita para lastimar otro corazón. Ellos suponen que el dolor los hace impunes frente al daño que generan.

Eso creen ellos. Eso quieren vender ellos. Pero no puedes creerlo tú.

No está bien dejar el corazón a la entrada de una casa cuyo dueño aún no se sabe quién es. Claro que no se puede.

Cuando algo no te cierra, lo mejor es abrirlo y ver qué hay. Abre los ojos primero.

Y después, se verá.

No te pido que me cures

No me digas que me quede tranquila. Tranquila nada.

Cómo puedes decirme que me quede tranquila, si no te detienes a saber qué me pasa. El motivo de mi ansiedad. La raíz de mis miedos. El nombre de mi angustia. Mi inseguridad tapándome la piel.

Tranquila nada. Ese es tu vaso de agua, en el medio de mi llanto, para taparme las palabras que necesitan vivir.

No quiero que me digas que me calme. No me sirve. Prefiero que inviertas esa frase en una que me pregunte por qué no lo estoy. Date cuenta y escúchame cómo respiro, cómo pienso, cómo hablo. Este apuro mal llevado me molesta. Me dispersa. Me inquieta.

Me hace mal.

No me digas tranquila.

Si pudiera, lo haría. Créeme que lo haría. Pero es que no puedo. ¿No lo ves?

No pretendo que me cures el corazón latiendo a destiempo, esta ansiedad inmunda, este estado prematuro de dolor.

Hoy estoy más chiquita que ayer. Bastante más chiquita. Y hoy extraño. Y pido. Necesito. Dependo.

Sí que dependo.

No te pido que me cures. No.

Es que estoy necesitando tu mano en la espalda, tu voz, tu caricia, tu mirada como consuelo.

No quiero tranquila.

No me sirve escucharte decir «tranquila». No me sirve. Mira cómo estoy. Mira.

Ven. ¿Puedes venir? Acá. A mi lado. Y quizá sí. Quizá así pueda estar tranquila.

No me tapes la voz. Hazme hablar.

Dame un ratito de tu tiempo: amor. Se llama amor. Ven. Acá. Ven.

Y después sí. Después y con suerte, voy a estar tranquila.

Si te vas, es mejor

Me preguntas qué necesito con los dos pies fuera de mi alma. Sería mucho más fácil y sincero que me dijeras: discúlpame, pero no te quiero acompañar. La simulación de que te importa mi dolor me agrega uno más a la cadena de golpes que me vienen pasando.

No te pido que te quedes en una mesa en la que no te interesa comer. No te pido que marques mi número mientras estás pensando en otra cosa.

Ni que me digas que se te complica venir a darme un beso porque estás ocupada.

De verdad. No hace falta que te desgastes inventando una excusa que desdibuje tu desinterés. Tu desamor. Tu falta de empatía.

No hace falta.

Yo no te pido nada.

Lo que ves no es un reclamo a tu ausencia. No te estoy llamando la atención.

Lo que ves es mi herida manifestándose.

No necesito una palmada en la espalda hasta que no tengas la delicadeza de sacarte los guantes.

No te siento. No hagas nada.

Porque no te siento.

No digas nada, porque no te estoy escuchando.

No me prometas nada, porque hay cosas que no se prometen, se cumplen.

Y tú no estás.

No me hace bien tu presencia ausente. Si te vas, es mejor.

Estás ocupando una silla que nunca vas a usar con una cartera.

No seas tonta. Que no es lo mismo ocupar que habitar.

Levanta la cartera y vete. La jaula está abierta.

Y yo no necesito ocupar espacios. Necesito amor.

Soltemos

Estuve a punto de llamarte para decirte algunas cosas. Pero no. Supongo que ya las dije todas. Y las que no salieron de mi boca van a tener su momento de reflexión, el día que no me tengas más enfrente de la mesa.

Al lado de la posibilidad de responderte tus preguntas que hoy, sí, hoy, es cuando estoy esperando que me las hagas.

No te puedo avisar todo lo que quiero. Ni todo lo que me pasa.

Ni todo lo que espero. Ni todo lo que me falta.

Porque no. Y a veces se resume en eso: porque no.

Si vamos a hacer de nuestro mundo un partido de palabras donde yo digo y tú apuntas, no lo quiero.

No lo quiero.

Yo nací otra vez cuando entendí lo que quería. No me voy a morir tratando de que lo sepas tú.

Ni tampoco quiero que lo descubras. Ni que me sorprendas.

Ni que te disfraces.

Quiero ver quién eres. Quién eres.

Y si tu corazón no ve el mío, ¿para qué lo quiero? Para nada lo quiero.

Y si tu corazón no puede sentir al mío, ¿para qué lo quiere? Para nada lo quiere.

Soltemos el deseo, los sueños y las ilusiones.

No pensemos en las expectativas. En un futuro incierto, en quizá un algo mejor.

Cúrame

Veamos lo que hay. Presente. Seamos presente.
Y si no hay nada, entonces soltemos. No seamos ancla.
Sigamos.
Y sí. Soltemos.

Ausencia presente

El día que aprendamos a vivir con la presencia contundente de lo ausente dejaremos de perder tiempo buscando consuelos de tontos y nos dedicaremos a vivir con los dolores al aire libre.

Dejando que respiren. Que se curtan.

Que cumplan ciclos. Que sigan su viaje. Que sean.

Esa es la única forma de cerrar heridas sin olvidarnos ningún dolor dentro.

Soltarlos. Dejarlos salir.

Dejarlos que se manifiesten. Dejarlos que caminen.

Que corran. Que vuelen.

Hasta sentir que de a poco, un día, al fin, los dejamos que descansen en paz.

Gente que sí

Hay gente que te la hace fácil.

Que te allana el camino. Que te corre las piedras que tú no viste porque estabas demorada en otro pantano. Gente que festeja tu sonrisa. Que te pone una manta porque, como tiene frío, se adelanta al tuyo. Gente que te escucha con el corazón y mirándote a los ojos. Gente a la que no le importa gastar un minuto en discutir algo que no le suma a ninguna de las dos partes.

Es gente que te cuida. Te valora y te respeta, sobre todo cuando estás ausente.

Gente que sí.

Es gente que te quiere sin vueltas.

Sin enrosques. Sin pase de facturas ni reproches.

Gente que te elige por tu compañía. Por quién eres. Porque acepta tu herida y tu belleza.

Gente buena.

Que acompaña tu dolor sin cuestionarlo. Tus decisiones sin juzgarlas.

Gente que vuela con tu vuelo y te recuerda los tres deseos que te tocan para tu cumpleaños.

Gente que alimenta tu alma.

Que se alegra por tu existencia. La celebra. Gente que sana, que cura, que salva.

Esa gente se vuelve imprescindible. Le da sentido a tu mundo cuando en ocasiones se te apaga.

Esa gente es necesaria. Se la cuida como oro y uno tiene que valorarla cuando está, no cuando hace falta.

Es gente que sí.

A esa gente se la ama. Y punto.

Todo eso llamado felicidad

Y que te detengas en ese instante en el que te diste cuenta de que ir por donde estás yendo es una obligación. Una pena. Un cansancio. Una rutina autoimpuesta. Una cadena que te pones como si fuera parte del ritual de tu vestimenta.

Y que puedas detener la marcha al sentir que no estás sintiendo fuego en el pecho. Mariposas en la garganta. Piel de pollo. Ganas. Ansiedad. Revolución. Sonrisas.

Y que puedas tener la valentía de girar en u y moverte en otras coordenadas. Para el otro lado. Para el camino opuesto. El más honesto. El sincero. El real. El tuyo.

Y que en cada día libre tiendas la cama. Y la clausures. Y hagas una fiesta. La tuya.

Y que eleves la mirada y agradezcas arriba, tocándote el pecho, diciendo sí con la cabeza, y te animes a no ahorrarte para no saber cuándo vas a gastarte.

Y que te decidas a vivir. A pesar de la muerte. De la herida. Del desconsuelo. Que lo hagas de verdad. Sin mentiras. Sin respuestas. Sin preguntas. Sin miedo. Sin culpas. Diciendo que no. Permitiéndote ese sí. Gritar lo que quieres. Con tu música. Tus flores. Tus amigos. La gente que te ama. Y que te cuida.

Y que te animes a soltar el dolor.

A avanzar. A crecer. Evolucionar. Destruir la comodidad. Ver lo que nunca viste. Abrazar lo que no conoces. Y abras los ojos.

Y escuches sonidos donde había ruido.

Y pintes con colores donde estaba tachado y sucio. Y te seas fiel.

Y que tengas la valentía de disfrutar de la nada como un regalo. Del descanso. De regar el césped. Y de dejar de hacer para contemplar la vida.

Y que quieras. Y que puedas. Y que saltes. Y que ames. Y perdones. Y te perdones. Y que frenes. Y pares. Y decidas. Y rompas. Y construyas.

Y seas tú. Y siempre seas tú.

Y que descubras que todo eso es la felicidad.

Índice

Índice

Índice

Índice

«Para viajar lejos no hay mejor nave que un libro».

Emily Dickinson

Gracias por tu lectura de este libro.

En **penguinlibros.club** encontrarás las mejores
recomendaciones de lectura.

Únete a nuestra comunidad y viaja con nosotros.

penguinlibros.club

Penguin
Random House
Grupo Editorial

 penguinlibros